westermann

Jana Friedmann, Markus Menzemer

Wirtschaft und wir

Arbeitsheft – Kompetenzbereich I

4. Auflage

Bestellnummer 08194

Die in diesem Produkt gemachten Angaben zu Unternehmen (Namen, Internet- und E-Mail-Adressen, Handelsregistereintragungen, Bankverbindungen, Steuer-, Telefon- und Faxnummern und alle weiteren Angaben) sind i. d. R. fiktiv, d. h., sie stehen in keinem Zusammenhang mit einem real existierenden Unternehmen in der dargestellten oder einer ähnlichen Form. Dies gilt auch für alle Kunden, Lieferanten und sonstigen Geschäftspartner der Unternehmen wie z. B. Kreditinstitute, Versicherungsunternehmen und andere Dienstleistungsunternehmen. Ausschließlich zum Zwecke der Authentizität werden die Namen real existierender Unternehmen und z. B. im Fall von Kreditinstituten auch deren IBANs und BICs verwendet.

Zusatzmaterialien zu Wirtschaft und wir: Arbeitsheft – Kompetenzbereich I

Für Lehrerinnen und Lehrer

Lösungen zum Arbeitsheft: 978-3-427-08226-2
Lösungen zum Arbeitsheft Download: 978-3-427-08210-1

Bildquellenverzeichnis

fotolia.com, New York: Bits and Splits 56.1; jacartoon 21.1, 21.2, 21.3, 31.1, 31.2, 32.1, 32.2, 32.3, 32.4, 32.5, 32.6.
Getty Images, München: Doucefleur 6.4; M_MUC1968 40.1; portishead1 15.1; wutwhanfoto 6.5.
Shutterstock.com, New York: archerix Titel, Titel; wrangler Titel, Titel.
stock.adobe.com, Dublin: .shock 7.2; CPN Titel, Titel; forkART Photography 5.6; georgerudy 6.3; goodluz 5.3; Halfpoint 6.2; industrieblick 5.1, 5.4, 7.1; jonasginter 6.1; MQ-Illustrations 5.7; only_kim 5.5; Stockwerk-Fotodesign 5.2.

Die Seiten dieses Arbeitshefts bestehen zu 100 % aus Altpapier.

Damit tragen wir dazu bei, dass Wald geschützt wird, Ressourcen geschont werden und der Einsatz von Chemikalien reduziert wird. Die Produktion eines Klassensatzes unserer Arbeitshefte aus reinem Altpapier spart durchschnittlich 12 Kilogramm Holz und 178 Liter Wasser, sie vermeidet 7 Kilogramm Abfall und reduziert den Ausstoß von Kohlendioxid im Vergleich zu einem Klassensatz aus Frischfaserpapier. Unser Recyclingpapier ist nach den Richtlinien des Blauen Engels zertifiziert.

Druck und Bindung: Westermann Druck GmbH, Georg-Westermann-Allee 66, 38104 Braunschweig

ISBN 978-3-427-**08194**-4

Vorwort

Liebe Schülerinnen und Schüler,
sehr geehrte Kolleginnen und Kollegen,

mit dem vorliegenden Arbeitsheft lassen sich die Lerninhalte des Schulbuchs „Wirtschaft und wir" im „Kompetenzbereich I – Wir als Mitarbeiterinnen und Mitarbeiter in der Arbeitswelt" handlungsorientiert erarbeiten. Es ist abgestimmt auf dessen 18. Auflage und nun komplett in zwölf Lernsituationen eingeteilt, die der Lebenswirklichkeit und den dabei aufkommenden Fragestellungen beim Einstieg in das Berufsleben entsprechen. Diese decken den kompletten Inhalt des Kompetenzbereichs I ab. Da die zugehörigen Fachinformationen im Schulbuch immer auf den Seiten im Arbeitsheft angegeben werden, können diese Fragestellungen ohne vorherigen Input selbstorganisiert erarbeitet werden. Natürlich sind sie auch als Übungsaufgaben oder Lernzielkontrollen einsetzbar.

Die Lernsituationen sind für individualisierte Selbstlernphasen formuliert. Sie können aber problemlos je nach Einsatz im Unterricht auf die gewünschten, neben der Fachkompetenz zu fördernden Kompetenzen angepasst werden. Einerseits ermöglicht das Arbeitsheft den Erwerb wirtschaftlichen Grundwissens anhand von Basisaufgaben. Andererseits bieten weiterführende Aufgaben ein Training von Handlungskompetenz. Ergänzt werden die Lernsituationen durch handlungskompetenzorientierte Prüfungsaufgaben.

Für jedes der drei Ausbildungsjahre liegt ein separates Arbeitsheft vor. Die Lernsituation und das zu bearbeitende Thema werden in der Kopfzeile genannt. Zusätzlich werden wiederkehrende Elemente mit Icons gekennzeichnet, die hier nachfolgend aufgeführt sind.

Wir wünschen viel Freude und viele neue Erkenntnisse bei der Beschäftigung mit den wirtschaftlichen Fragestellungen beim Berufseinstieg.

Jana Friedmann | Markus Menzemer

Symbole

Basisaufgaben

Gesetzestext

weiterführende Aufgaben

Fremdtext

Verweis auf Seiten im Schulbuch

Exkurs

Inhaltsverzeichnis KB I – Wir als Mitarbeiterinnen und Mitarbeiter in der Arbeitswelt

Lernsituation 1 – Systeme der Berufsausbildung kennenlernen **7**

Lernsituation 2 – Ausbildungsvertrag abschließen **11**

Lernsituation 3 – Ausbildung absolvieren **12**

Lernsituation 4 – Arbeitsschutzvorschriften analysieren **15**

Lernsituation 5 – Ein Arbeitsverhältnis eingehen **20**

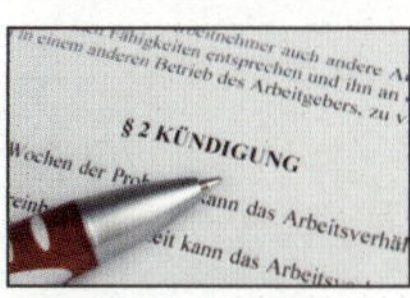

Lernsituation 6 – Ein Arbeitsverhältnis beenden **24**

Lernsituation 7 – Als Betriebsrat im Betrieb mitbestimmen **27**

Lernsituation 8 – Tarifvertragsarten unterscheiden 31

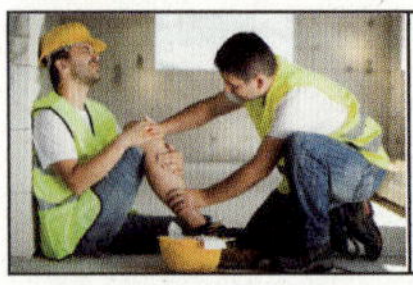

Lernsituation 9 – Vorteil und Grenzen der Sozialversicherung kennen 35

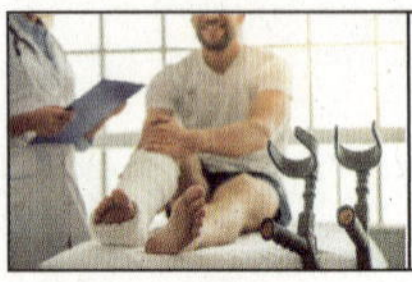

Lernsituation 10 – Möglichkeit privater Zusatzversicherung einschätzen 39

Lernsituation 11 – Lohnabrechnung durchführen 40

Lernsituation 12 – Steuererklärung erstellen 51

Prüfungsaufgaben 52

Lernsituation 1: Nachdem Sie nun die allgemeinbildende Schule beendet haben, starten Sie in das Berufsleben. Dazu ist es wichtig, einen Überblick über die verschiedenen Möglichkeiten der Berufsausbildung in Deutschland zu bekommen. Verschaffen Sie sich mithilfe des Schulbuchs diesen Überblick anhand der folgenden Aufgaben, damit Sie im Berufseinstieg immer rechtssicher und informiert durchdachte Entscheidungen fällen können.

1. ***Struktur des dualen Berufsausbildungssystems*** *– Ergänzen Sie:*

Die Lernorte in der dualen Berufsausbildung sind: .... und ....

Der betriebliche Teil der Ausbildung kann ergänzt werden durch die ....

2. ***Aufgabenteilung*** *– Ordnen Sie die jeweilige Aufgabe den Lernorten zu.*

Aufgabe	**Lernort**	
	Ausbildungsbetrieb	**Berufsschule**
Praktische Fertigkeiten und Kenntnisse vermitteln		
Vertiefung der Allgemeinbildung		
Handwerkliche Fertigkeiten vermitteln		
Fachtheoretische Inhalte nach Lehrplänen vermitteln		
Berufserfahrung ermöglichen		
Ausbilden entsprechend der Ausbildungsordnung		
Fachtheoretische Inhalte vertiefen		
Beraten der Kundschaft		
Praxisnahes und rationelles Arbeiten		
Vorbereitung auf die Abschlussprüfung		

3. ***Rechtsgrundlage*** *– Ergänzen Sie das passende Gesetz und die passende Verordnung:*

Für die betriebliche Berufsausbildung gilt grundsätzlich das ....

Erfolgt die Ausbildung in einem Handwerksbetrieb, gilt zusätzlich die ....

4. ***Bundeseinheitliche Berufsausbildung*** *– Ergänzen Sie: Durch welche Stelle und mit welchem Mittel wird eine bundeseinheitliche Berufsausbildung in einem anerkannten Ausbildungsberuf gewährleistet?*

Durch die vom .... erlassenen ....

S. 11–12

Beschreiben Sie Ihre Berufsausbildung (Erstausbildung) und Ihren persönlichen Weg in die Arbeitswelt.

1. ***Ausgangssituation*** – *Welchen Schulabschluss (HS, WRS, RS, ...) bringen Sie mit?* ....

2. ***Berufsfeld, Wirtschaftsbereich*** – *In welchem Berufsfeld und Wirtschaftsbereich (Industrie, Handwerk, ...) haben Sie Ihre Berufsausbildung begonnen?* ....

3. ***Ausbildungsberuf*** – *Wie lautet die genaue Bezeichnung Ihres Ausbildungsberufes?* ....

4. ***Ausbildungsdauer*** – *Wie lange dauert Ihre Berufsausbildung?* ....

   ....

5. ***Ausbildungsberufsbild*** – *Beschreiben Sie stichwortartig das Ausbildungsberufsbild Ihres Ausbildungsberufes.*

   ....

   ....

6. ***Ausbildungsrahmenplan*** – *Was wird durch den Ausbildungsrahmenplan festgelegt?*

   ....

7. ***Zuständige Stelle für die Berufsausbildung*** – *Welche Stelle ist für Ihre Berufsausbildung zuständig?*

   ....

8. ***Prüfungsordnung*** – *Erläutern Sie die an Ihrem Ausbildungsende abzulegende Abschlussprüfung.*

   ....

9. ***Zukunftsaussicht*** – *Welche Aufstiegsmöglichkeiten ergeben sich aus Ihrer Berufsausbildung?*

   ....

10. ***Berufsabschluss*** – *Ergänzen Sie die jeweilige Prüfung:*
    Am Ende der Ausbildung steht in der Berufsschule die .... an und in der betrieblichen Berufsausbildung die ....

Neben der betrieblichen Berufsausbildung gibt es eine rein schulische Berufsausbildung in den Bereichen der gewerblichen, kaufmännischen, haus- und landwirtschaftlichen beruflichen Vollzeitschulen. Schulische Ausbildungsberufe sind durch Bundes- und Landesrecht geregelt.

1. *Welche Schularten werden die unten Beschriebenen im beruflichen Schulwesen besuchen? Begründen Sie Ihre Zuordnung.*

Hinweis: VAB = Vorqualifizierungsjahr Arbeit/Beruf, BEJ = Berufseinstiegsjahr,
1BFS = einjährige Berufsfachschule, 2BFS = zweijährige Berufsfachschule

Fallsituation	VAB	BEJ	1BFS	2BFS
1. Paul, 17 Jahre, hat seinen Hauptschulabschluss „vergeigt“ und findet deshalb keinen Ausbildungsplatz und keine weiterführende Schule. **Begründung:**				
2. Beate möchte ihre Ausbildung gerne in einem Handwerksbetrieb machen. Der Betrieb möchte sie auch ausbilden, kann die berufliche Grundbildung aber aus Zeitgründen nicht vermitteln. **Begründung:**				
3. Mesut hat die Hauptschule mit einem Notendurchschnitt von 1,8 abgeschlossen. Um das Technische Gymnasium besuchen zu können, möchte er neben einer beruflichen Grundbildung die mittlere Reife erreichen. **Begründung:**				
4. Mirjam, 17 Jahre, findet wegen des schlechten Notendurchschnitts ihres Hauptschulabschlusses keinen Ausbildungsplatz. **Begründung:**				

2. *Christine möchte nach ihrem Werkrealschulabschluss gerne pharmazeutisch-technische Assistentin (PTA) werden. Empfehlen Sie ihr eine geeignete berufliche Vollzeitschule.*

....

3. *Antonio hat einen Vorvertrag mit einem handwerklichen Ausbildungsbetrieb abgeschlossen und besucht die einjährige gewerblich-technische Berufsfachschule. Zeigen Sie die Vorteile auf, die sich aus dem Besuch der einjährigen Berufsfachschule für Antonio und den Handwerksbetrieb ergeben.*

....

....

....

4. *Welche berufliche Vollzeitschule vermittelt aufbauend auf den Hauptschulabschluss eine berufliche Grundbildung und führt Jugendliche zum mittleren Bildungsabschluss?*

....

S. 16–19

1. *Welche berufliche Vollzeitschule vermittelt Kenntnisse, Fähigkeiten und Fertigkeiten, die zur selbstständigen und eigenverantwortlichen Berufsausübung befähigen?* ....

2. *Welche schulische Voraussetzung ist zum Besuch eines Berufskollegs erforderlich?*

....

3. *Welche berufliche Vollzeitschule ermöglicht in dualer Ausbildungsform zusätzlich zum qualifizierten Facharbeiterabschluss den Abschluss der Fachhochschulreife?* ....

4. *Ergänzen Sie die Übersicht.*

Vollschulische Ausbildung

Berufsvorbereitung	Berufliche Grundbildung	Vollschulische Berufsausbildung
z. B.	z. B.	z. B. ....
....	....	....
....	....	....

5. *Vergleichen Sie die betriebliche und schulische Berufsausbildung. Ordnen Sie die Sachverhalte der jeweiligen Berufsausbildungsform zu.*

Sachverhalt	**Berufsausbildungsform**	
	betrieblich	**schulisch**
Interessierte bewerben sich bei einem Unternehmen und werden von diesem ausgewählt. Es wird kein bestimmter Schulabschluss vorausgesetzt.		
Die Auswahl erfolgt aufgrund gesetzlicher Regelungen nach Kriterien wie Notendurchschnitt, mitgebrachtem Schulabschluss und Praxiserfahrung.		
Ausbildungsdauer zwei bis dreieinhalb Jahre in Teilzeitform bzw. Blockunterricht, z. T. Ausbildungsphasen außerhalb der Ausbildungsstätte.		
Bundeseinheitliche Regelung durch BBiG und HwO.		
Die Abschlussprüfung vor der zuständigen Kammer mit theoretischem und praktischem Teil führt zu einem anerkannten Berufsabschluss.		
Abschlussprüfung mit einer Leistungsbeurteilung (Abschlusszeugnis, Zertifikat, Diplom). In einigen Berufen ist ein Anerkennungsjahr erforderlich.		
Kein Versicherungsschutz gegen Arbeitslosigkeit während der Berufsausbildung.		
Tariflich geregelte Vergütung während der Berufsausbildung.		
Sozialversichert (Krankheit, Pflege, Arbeitslosigkeit, Unfall und Rente) während der Berufsausbildung.		

Lernsituation 2: Um gut qualifiziert ins Berufsleben starten zu können, müssen Sie zuerst einmal eine Ausbildung machen. Mithilfe der nachfolgenden Fragen können Sie sich das Wissen über das Zustandekommen und die Inhalte eines Ausbildungsvertrages erarbeiten. Die Fachinformationen dazu finden Sie auf den angegebenen Seiten im Schulbuch.

Nach einer umfassenden Berufsorientierung waren Sie mit Ihrer Bewerbung letztendlich erfolgreich und haben einen Berufsausbildungsvertrag unterzeichnet.

Staatlich anerkannter
Ausbildungsberuf

Berufsausbildungsvertrag

1. *Nennen Sie die beteiligten Vertragsparteien beim Abschluss eines Berufsausbildungsvertrages.*

....

....

2. *Welche Form ist für den Berufsausbildungsvertrag vorgeschrieben?* ....

....

3. *Überprüfen Sie in Ihrem eigenen Berufsausbildungsvertrag, ob die wesentlichen Vertragsinhalte gemäß § 11 BBiG aufgeführt sind.*

Ihr **Ausbildungsberuf** und **Ausbildungsziel** ....

Ausbildungsbeginn und **-ende** ....

Außerbetriebliche **Ausbildungsmaßnahmen** ....

Ausbildungszeit: täglich: .... wöchentlich: ....

Dauer der **Probezeit** ....

Ausbildungsvergütung ....

Urlaubsregelung ....

4. *Nennen Sie drei Gesetze, die beim Abschluss eines Berufsausbildungsvertrags grundsätzlich zu beachten sind.*

....

5. *Berufsausbildungsverträge sind den zuständigen Kammern vorzulegen. Welcher zuständigen Stelle bzw. Kammer musste Ihr Berufsausbildungsvertrag vorgelegt werden? Beschreiben Sie auch die Aufgaben der zuständigen Stelle bzw. Kammer.*

Zuständige Stelle: ....

Aufgaben: ....

....

....

....

6 *Begründen Sie, warum die Vertragsfreiheit beim Abschluss eines Berufsausbildungsvertrages stark eingeschränkt ist.*

....

S. 23–24

Lernsituation 3: In der Ausbildung fragen Sie sich sicherlich, welche Rechte und Pflichten Sie nun haben, wie die Ausbildung insgesamt abläuft und wie sie wieder endet. Um hierbei rechtssicher und fit zu werden, bearbeiten Sie bitte die folgenden Fragen mithilfe der angegebenen Informationsseiten im Schulbuch.

Aus einem Berufsausbildungsverhältnis ergeben sich für beide Vertragsparteien Rechte und Pflichten. Nennen Sie die Pflichten der Vertragsparteien.

Berufsausbildungsvertrag

Pflichten des Ausbildenden	Pflichten der/des Auszubildenden
o	o ....
o	o ....
o	o ....
o	o ....
o	o ....
o	o ....
o	o ....

In den kommenden Ausbildungsjahren und während Ihrer zukünftigen Berufstätigkeit werden Sie immer wieder Situationen erleben, in denen eine Kenntnis der Rechtslage wichtig ist.

Berufsbildungsgesetz BBiG (Auszug)

§ 11 Vertragsniederschrift

(1) Ausbildende haben unverzüglich nach Abschluss des Berufsausbildungsvertrages, spätestens vor Beginn der Berufsausbildung, den wesentlichen Inhalt des Vertrages gemäß Satz 2 schriftlich niederzulegen; die elektronische Form ist ausgeschlossen. [...]

§ 13 Verhalten während der Berufsausbildung

Auszubildende haben sich zu bemühen, die berufliche Handlungsfähigkeit zu erwerben, die zum Erreichen des Ausbildungsziels erforderlich ist. Sie sind insbesondere verpflichtet,

1. die ihnen im Rahmen ihrer Berufsausbildung aufgetragenen Aufgaben sorgfältig auszuführen,
2. an Ausbildungsmaßnahmen teilzunehmen, für die sie nach § 15 freigestellt werden,
3. den Weisungen zu folgen, die ihnen im Rahmen der Berufsausbildung von Ausbildenden, von Ausbildern oder Ausbilderinnen oder von anderen weisungsberechtigten Personen erteilt werden,
4. die für die Ausbildungsstätte geltende Ordnung zu beachten,
5. Werkzeug, Maschinen und sonstige Einrichtungen pfleglich zu behandeln,
6. über Betriebs- und Geschäftsgeheimnisse Stillschweigen zu wahren,
7. einen schriftlichen oder elektronischen Ausbildungsnachweis zu führen.

§ 14 Berufsausbildung

(1) Ausbildende haben

1. dafür zu sorgen, dass den Auszubildenden die berufliche Handlungsfähigkeit vermittelt wird, die zum Erreichen des Ausbildungsziels erforderlich ist, und die Berufsausbildung in einer durch ihren Zweck gebotenen Form planmäßig, zeitlich und sachlich gegliedert so durchzuführen, dass das Ausbildungsziel in der vorgesehenen Ausbildungszeit erreicht werden kann,
2. selbst auszubilden oder einen Ausbilder oder eine Ausbilderin ausdrücklich damit zu beauftragen,
3. Auszubildenden kostenlos die Ausbildungsmittel, insbesondere Werkzeuge, Werkstoffe und Fachliteratur zur Verfügung zu stellen, die zur Berufsausbildung und zum Ablegen von Zwischen- und Abschlussprüfungen, auch soweit solche nach Beendigung des Berufsausbildungsverhältnisses stattfinden, erforderlich sind,
4. Auszubildende zum Besuch der Berufsschule anzuhalten,
5. dafür zu sorgen, dass Auszubildende charakterlich gefördert sowie sittlich und körperlich nicht gefährdet werden.

[...]

(3) Auszubildenden dürfen nur Aufgaben übertragen werden, die dem Ausbildungszweck dienen und ihren körperlichen Kräften angemessen sind.

§ 15 Freistellung, Anrechnung

(1) Ausbildende dürfen Auszubildende vor einem vor 9 Uhr beginnenden Berufsschulunterricht nicht beschäftigen. Sie haben Auszubildende freizustellen

S. 23–24

1. für die Teilnahme am Berufsschulunterricht,
[...]
4. für die Teilnahme an Prüfungen und Ausbildungsmaßnahmen, die auf Grund öffentlich-rechtlicher oder vertraglicher Bestimmungen außerhalb der Ausbildungsstätte durchzuführen sind [...]

§ 20 Probezeit
Das Berufsausbildungsverhältnis beginnt mit der Probezeit. Sie muss mindestens einen Monat und darf höchstens vier Monate betragen.

Beurteilen Sie die Rechtslage der folgenden Alltagssituationen mithilfe des Berufsbildungsgesetzes (BBiG).

Alltagssituation	Beurteilung der Rechtslage aufgrund BBiG
1. Am ersten Arbeitstag weist der Ausbilder Paul darauf hin, dass er sich zuerst in einer sechsmonatigen Probezeit bewähren muss, bevor er einen Ausbildungsvertrag bekommt.	....
2. Katja hat die Anweisung, Werkzeuge und Kleinteile für einen Auftrag herzurichten. In Gedanken an das letzte Wochenende macht sie Fehler.	....
3. Jörg hat von der Meisterin die Anweisung, sich in die Bedienungsanleitung für ein Messgerät einzuarbeiten. Er hilft aber lieber Katja.	....
4. Jan erhält die Anweisung, die angefangene Arbeit zu beenden, um beim Ausbau von Abflussrohren mitzuhelfen. Eine schwere und ekelerregende Arbeit, wie Jan findet. Er weigert sich, wirft wütend den schweren Hammer in die Werkzeugkiste und arbeitet nur noch mit mäßigem Engagement.	....
5. Im Installationsbetrieb ist die Auftragslage „mau". Deshalb wird Jan meistens mit Rasenmähen und Unkrautjäten beschäftigt.	....
6. Die Berufsschule informiert den Ausbildungsbetrieb über häufiges Fehlen ihres Auszubildenden. Als die Ausbilderin Jörg zur Rede stellt, meint Jörg: „Schule ist doch Schule! Am Verhalten im Betrieb ist doch nichts auszusetzen? Ich bin lieber im Betrieb."	....
7. Malte bemerkt, dass an der Schleifmaschine die Schutzbrille fehlt. Der weisungsbefugte Mitarbeiter meint: „Einmal geht das schon! Mach hin, wir sind im Verzug!"	....
8. Christian sieht in der Entwicklungsabteilung seines Ausbildungsbetriebs den neuen, noch nicht patentierten Schleifautomaten. Am nächsten Tag trifft er seinen Freund und berichtet stolz vom Entwicklungsstand des neuen Automaten.	....
9. Der Ausbildungsmeister ist ständig auf den verschiedenen Baustellen unterwegs und Uwe wird als Hilfskraft nur auf dem Betriebshof und mit einfachsten Arbeiten beschäftigt.	....
10. In der Mittagspause bedient eine Auszubildende trotz Verbot den Baukran. Dabei entsteht durch Berührung zwischen Tragseil und Stromleitung ein Schaden von 1 200,00 €.	....
11. Paul empfindet das Führen des Berichtsheftes (Ausbildungsnachweis) als eine lästige Angelegenheit und ist mehrere Wochen im Rückstand.	....

S. 25–26

1. *Welchen Sinn hat die Probezeit? Ergänzen Sie.*

Die Probezeit gibt beiden Vertragsparteien die Möglichkeit, die ....

zu überprüfen.

2. *Nennen Sie die zutreffende Möglichkeit zur Beendigung des Ausbildungsverhältnisses mit Angabe des Paragrafen im BBiG.*

Ausbildungssituation	Beendigung des Ausbildungsverhältnisses gemäß BBiG
Während der Probezeit	....
Ordentliche (fristgerechte) Kündigung nach der Probezeit	....
Außerordentliche (fristlose) Kündigung	....

3. *Welche Möglichkeit der Beendigung der Ausbildung ist in den nachfolgenden Fällen angebracht?*

Ausbildungssituation	Beurteilung
1. Nach dem ersten Ausbildungsjahr zur Bauzeichnerin merkt Jenny, dass sie lieber medizinische Fachangestellte werden würde.	....
2. Michael, Auszubildender in einer Kfz-Werkstatt, wird ertappt, wie er einen Geldbetrag aus einem Kundenfahrzeug an sich nimmt.	....
3. Dirk ist aufgrund einer Arbeitsunfähigkeit krankgeschrieben, absolviert aber in dieser Zeit mehrere Fahrstunden.	....
4. Weil Theresa in eine andere Berufstätigkeit wechseln will, kündigt sie ihr Ausbildungsverhältnis fristgerecht. Der Ausbilder verlangt als Schadensersatz 2 000,00 € für den Arbeitsausfall.	....

Berufsbildungsgesetz BBiG (Auszug)

§ 21 BBiG Beendigung

(1) Das Berufsausbildungsverhältnis endet mit dem Ablauf der Ausbildungszeit. Im Falle der Stufenausbildung endet es mit Ablauf der letzten Stufe.

(2) Bestehen Auszubildende vor Ablauf der Ausbildungsdauer die Abschlussprüfung, so endet das Berufsausbildungsverhältnis mit Bekanntgabe des Ergebnisses durch den Prüfungsausschuss.

(3) Bestehen Auszubildende die Abschlussprüfung nicht, so verlängert sich das Berufsausbildungsverhältnis auf ihr Verlangen bis zur nächstmöglichen Wiederholungsprüfung, höchstens um ein Jahr.

§ 22 BBiG Kündigung

(1) Während der Probezeit kann das Berufsausbildungsverhältnis jederzeit ohne Einhalten einer Kündigungsfrist gekündigt werden.

(2) Nach der Probezeit kann das Berufsausbildungsverhältnis nur gekündigt werden

1. aus einem wichtigen Grund ohne Einhalten einer Kündigungsfrist,
2. von Auszubildenden mit einer Kündigungsfrist von vier Wochen, wenn sie die Berufsausbildung aufgeben oder sich für eine andere Berufstätigkeit ausbilden lassen wollen.

(3) Die Kündigung muss schriftlich und in den Fällen des Absatzes 2 unter Angabe der Kündigungsgründe erfolgen.

§ 23 BBiG Schadensersatz bei vorzeitiger Beendigung

(1) Wird das Berufsausbildungsverhältnis nach der Probezeit vorzeitig gelöst, so können Ausbildende oder Auszubildende Ersatz des Schadens verlangen, wenn die andere Person den Grund für die Auflösung zu vertreten hat. Dies gilt nicht im Falle des § 22 Absatz 2 Nummer 2.

Lernsituation 4: Ihre Ausbildung läuft gut an und Sie wissen über Ihre Aufgaben Bescheid? Sehr gut! Jetzt ist es aber zur Erhaltung Ihrer körperlichen und sozialen Gesundheit wichtig, sich mit den Gefahren im Arbeitsleben auszukennen. Dazu hat der Gesetzgeber umfangreiche Arbeitsschutzvorschriften erlassen, mit denen Sie sich in dieser Lernsituation mithilfe der angegebenen Seiten im Schulbuch vertraut machen können.

Durch den Umgang mit Werkzeugen und Maschinen während der Ausbildung und im Berufsleben besteht die Gefahr, sich aus verschiedenen Gründen zu verletzen. Arbeitsunfälle oder auch Unfälle auf dem Arbeitsweg führen vielfach zur Berufs- bzw. Erwerbsunfähigkeit. Manche der Unfälle enden auch tödlich. Um dieses Risiko zu verringern, wurden umfangreiche Schutzvorschriften des „technischen Arbeitsschutzes" erlassen.

1. *Füllen Sie die Lücken im Text mit folgenden Begriffen (auch mehrere Begriffe in einer Lücke möglich):*
körperliche Überlastung – am Arbeitsplatz – BG-Vorschriften – Jugendliche – seelische Überlastung – Schwerbehinderte – Arbeitsschutzgesetze – Mütter nach der Entbindung – Schwangere

Der **technische Arbeitsschutz** soll durch .... und .... Gefahren .... vermindern bzw. verhindern.

Der **soziale Arbeitsschutz** soll Arbeitnehmergruppen wie .... vor .... schützen.

2. *Nennen Sie die wesentlichen Unfallursachen. Zu den häufigsten Unfallursachen zählen:*

- ....
- ....
- ....

3. *Jeder Unfall ist vermeidbar. Prävention (Vorsorge) ist der beste Unfallschutz. Wer erstellt die BG-Vorschriften?*

....

Bei Betriebsüberprüfungen stößt das Gewerbeaufsichtsamt immer wieder in nicht seriös geführten Ausbildungsbetrieben auf Verstöße, insbesondere gegen das Beschäftigungsverbot sowie die Arbeits-, Pausen- und Freizeitregelungen.

4. *Ergänzen Sie die wesentlichen Bestimmungen des Jugendarbeitsschutzgesetzes.*

Das Jugendarbeitsschutzgesetz gilt für die Beschäftigung von Personen, die ......, aber noch nicht ...... Jahre alt sind.

Jugendliche dürfen täglich höchstens ...., ausnahmsweise .... bei einer .... an einem Werktag und .... pro Woche bei einer .... beschäftigt werden.

Bei einer Arbeitszeit von viereinhalb bis sechs Stunden muss die Pause ...., bei mehr als sechs Stunden .... betragen.

S. 35–36

Überprüfen und beurteilen Sie, ob in den dargestellten Ausbildungssituationen Verstöße gegen das Jugendarbeitsschutzgesetz vorliegen. Nennen Sie auch jeweils den betreffenden Paragrafen.

Ausbildungssituation	Beurteilung/Paragraf
Im Dezember soll die 17-jährige Julia wegen der großen Nachfrage im Friseursalon Mehrarbeit leisten. Ihre Chefin fordert von ihr, wie die sonstigen Beschäftigten neun Stunden statt der üblichen acht Stunden pro Tag zu arbeiten.	
Für die 16-jährige Martina, die eineinhalb Tage pro Woche Berufsschulunterricht hat, fällt der Unterricht nach der vierten Stunde aus. Sie ist der Meinung, dass an Berufsschultagen nicht mehr im Betrieb gearbeitet werden muss, und fährt mit dem Bus nach Hause. Vom Ausbildungsbetrieb wird sie daraufhin abgemahnt.	
Die örtliche Handwerkermesse steht vor der Tür und der Auszubildende wird dringend gebraucht, um die Vorbereitungen zu bewerkstelligen. Deshalb verlangt der Chef von seinem Auszubildenden, die Berufsschule nicht zu besuchen. Den Verzicht auf den Berufsschulbesuch fordert der Chef mit zusätzlicher Entlohnung immer dann ein, wenn viel Arbeit vorliegt.	
Um Aufträge vor dem anstehenden Betriebsurlaub fristgerecht liefern zu können, fordert die Betriebsleitung für alle Mitarbeiterinnen und Mitarbeiter einschließlich der Auszubildenden unter 18 Jahren Samstagsarbeit ein.	
Der 17-jährige Jens musste seinen Urlaub betriebsbedingt außerhalb der Berufsschulferien nehmen. Trotz Urlaubs besucht er die Berufsschule. Seine Vorgesetzte weigert sich, die Tage des Berufsschulbesuches mit zusätzlichen Urlaubstagen auszugleichen.	
Die 17-jährige Andrea wohnt nur wenige Minuten von ihrem Ausbildungsbetrieb entfernt. Für die Mitarbeiterinnen und Mitarbeiter beginnt die Arbeit im Sommer um 6:00 Uhr. Die Berufsschule fängt um 7:35 Uhr an. Da eine Mitarbeiterin erkrankt ist, soll Andrea an ihrem Berufsschultag von 6 bis 7 Uhr im Betrieb aushelfen.	
Der 16-jährige Carsten darf wegen seiner ehrenamtlichen Verpflichtung freitags früher gehen und arbeitet deshalb freitags nur sieben Stunden. Diese Fehlzeit soll Carsten montags und mittwochs mit je achteinhalb Stunden ausgleichen.	
Der 17-jährige Torben ist mitten im zweiten Ausbildungsjahr. Die ärztliche Nachuntersuchung wurde weder eingefordert noch ist sie durchgeführt worden.	

1. *Der soziale Arbeitsschutz soll vor körperlicher und seelischer Überlastung schützen. Ergänzen Sie:*

- Das Mutterschutzgesetz gilt für werdende Mütter, die in einem unbefristeten .... stehen.
- Das Berufsausbildungsverhältnis endet mit .... der vertraglich vereinbarten .... bzw. dem Bestehen der .... und ist damit ein .... Beschäftigungsverhältnis. Auszubildende können bei der zuständigen Stelle/Kammer vor der Abschlussprüfung eine .... der Ausbildungszeit .... wenn schwangerschaftsbedingte Fehlzeiten auftreten, die das .... gefährden.
- Um .... des Mutterschutzes in Anspruch nehmen zu können, sollte die Schwangerschaft dem .... mitgeteilt werden. Ein Mitteilungszwang besteht nicht.
- Beschäftigungsverbot: Werdende Mütter dürfen .... vor und .... nach der Geburt .... beschäftigt werden. Das Beschäftigungsverbot ruht, wenn die Schwangere ...., arbeiten zu wollen. Diese Erklärung kann .... werden.
- .... der Schwangerschaft und bis .... nach der Geburt besteht ein .... Kündigungsschutz.
- Das Sozialgesetzbuch IX (SGB IX) regelt den Arbeitsschutz für Personen, deren Erwerbsfähigkeit auf Dauer mindestens 50 % eingeschränkt ist. Schwerbehinderte haben zusätzlich .... Jahresurlaub, müssen .... Überstunden leisten und stehen unter einem besonderen ....

2. *Wie viele Arbeitsstunden sind nach dem Arbeitszeitgesetz pro Tag höchstens zulässig?* ....

3. *Wie lange muss nach dem Arbeitszeitgesetz die Ruhepause zwischen zwei Arbeitstagen sein?* ....

4. *Welche Ausnahmen erlaubt das Arbeitszeitgesetz bei der Sonntagsruhe?* ....

....

5. *Wie lange ist nach dem Bundesurlaubsgesetz der Mindesturlaub bei einer Fünftagewoche?* ....

6. *Ordnen Sie die dargestellten Sachverhalte dem jeweiligen Arbeitsschutz zu:*

	Arbeitsschutz	
	technischer	**sozialer**
Schutz vor körperlicher und seelischer Überforderung		
Vorschriften für menschenfreundliche Arbeitsplatzgestaltung		
Schutzrechte für schutzbedürftige Arbeitnehmergruppen		
Verpflichtung zur Bestellung von Betriebsärztinnen und -ärzten sowie von Sicherheitsingenieurinnen und -ingenieuren		
Begrenzung der Höchstarbeitszeit, Festlegung von Ruhezeiten		
Vorschriften zur Unfallverhütung		

7. *Welches sind die wichtigsten Institutionen zur Überwachung der Arbeitsschutzvorschriften?*

Die .... und die .... der einzelnen Wirtschaftszweige.

S. 40–42

1. *Was versteht man unter der beruflichen Fortbildung? Ergänzen Sie.*

Die berufliche Fortbildung baut auf einer .... auf.

2. *Erklären Sie, warum Fortbildung immer wichtiger wird.*

....

....

....

....

....

....

3. *Erläutern Sie den Begriff „berufliche Flexibilität".*

....

....

....

4. *Zeigen Sie wesentliche Fortbildungsgründe auf.*

....

....

....

5. *Ordnen Sie den angestrebten Zielen die entsprechende Fortbildungsart zu:*

Einarbeitung – Anpassungsfortbildung – Aufstiegsfortbildung

Angestrebtes Ziel	Fortbildungsart
Erwerb von Zusatzqualifikationen, damit der bisherige Beruf weiter ausgeübt werden kann	....
Übernahme einer neuen Aufgabe in einem neuen betrieblichen Arbeitsgebiet	....
Anstreben einer höheren beruflichen Position (z. B. innerbetrieblich ausgeschriebene Meisterstelle)	....

6. *Beschreiben Sie Fortbildungsmöglichkeiten in Ihrem Berufsfeld. Ordnen Sie dabei Ihre Fortbildungsmöglichkeiten den Begriffen „Anpassungsfortbildung" bzw. „Aufstiegsfortbildung" zu.*

....

....

....

....

....

....

....

....

1. *Ergänzen Sie den nachfolgenden Satz zur Erklärung von beruflicher Umschulung:*

Die berufliche Umschulung ist eine .... und soll den .... in eine andere .... vorbereiten.

2. *Nennen Sie wesentliche Umschulungsgründe.*

- ....
- ....
- ....
- ....

3. *Welche Ziele werden durch die Arbeitsförderung nach dem Sozialgesetzbuch III (SGB III) angestrebt?*

....

4. *Formulieren Sie das Ziel, das durch die Förderung nach dem Bundesausbildungsförderungsgesetz (BAföG) angestrebt wird.*

....

....

5. *Ordnen Sie den dargestellten Alltagssituationen das Gesetz zu, nach dem diese Maßnahme gefördert werden kann:*

Hinweis: SGB III = Arbeitsförderung nach dem Sozialgesetzbuch III; AFBG = Aufstiegsfortbildungsgesetz; BAföG = Bundesausbildungsförderungsgesetz

Alltagssituation	SGB III	AFBG	BAföG
1. Walter will nach seinem erfolgreichen Berufsabschluss und einer dreijährigen Berufspraxis den Vorbereitungskurs zur Meisterprüfung vor der Handwerkskammer besuchen.			
2. Nach einem Arbeitsunfall kann Michael seinen erlernten Beruf nicht mehr ausüben.			
3. Nach ihrer Ausbildung zur Sozialversicherungsfachfrau besucht Petra die Berufsoberschule, die zur Hochschulreife führt.			
4. Stefan besucht nach seiner erfolgreich abgeschlossenen Berufsausbildung zum Industriemechaniker und einer zweijährigen Berufspraxis die Fachschule für Technik.			
5. Barbara, 17 Jahre, hat eine Ausbildung zur kaufmännischen Angestellten begonnen. Die zuständige Berufsfachschule liegt so weit von der Wohnung ihrer Eltern entfernt, dass sie in einem Schülerwohnheim wohnt.			
6. Ingo möchte nach seiner Ausbildung zum Uhrmacher berufsbegleitend einen Vorbereitungskurs zum Uhrmachermeister in Teilzeitform besuchen.			

Lernsituation 5: Bereits während Ihrer Ausbildung sollten Sie sich auf das danach folgende Arbeitsverhältnis vorbereiten, denn die gesetzlichen Regelungen zum Arbeitsverhältnis unterscheiden sich von denen zum Ausbildungsverhältnis. Darauf können Sie sich mithilfe der folgenden Fragen und den zugehörigen Seiten im Schulbuch vorbereiten.

Auf die Berufsausbildung folgt der Sprung in die Berufstätigkeit. Um an eine neue Stelle zu kommen, müssen Sie sich bewerben. Mit etwas Glück werden Sie zum Vorstellungsgespräch eingeladen.

1. *Aus welchen Teilen setzen sich die Bewerbungsunterlagen zusammen?*

Bewerbungsunterlagen

....	....	....	....
....	....	....	....

2. *Weshalb sollten Sie beim Erstellen der Bewerbungsunterlagen besonders sorgfältig sein?*

....

....

....

3. *Notieren Sie sich die wichtigsten Ziele von Ihnen als Bewerber/-in und von Einstellenden beim Vorstellungsgespräch.*

Ziele der Bewerberin/des Bewerbers	Ziele der Einstellenden
Die Stelle bekommen	....
....	....
....	....

4. *Formulieren Sie zwei Fragen, die Einstellende im Vorstellungsgespräch nicht stellen dürfen.*

- ....
- ....

5. *Wie hinterlassen Sie beim Vorstellungsgespräch einen möglichst guten Eindruck?*

Positiver erster Eindruck: Begrüßung, Blickkontakt, Freundlichkeit	....	....	....	....

S. 51–53

Das Vorstellungsgespräch ist erfolgreich verlaufen und es kommt zum Vertragsabschluss.

Ergänzen Sie die Übersicht.

Sind

.... → .... ← ....

beim Abschluss

des Arbeitsvertrags

Der Vertrag ist grundsätzlich

formfrei, d. h, ...
abgeschlossen werden.

Aber:

Es müssen die Regelungen des .... berücksichtigt werden:
Der Arbeitgeber ist verpflichtet, ...
und die Niederschrift ....

§ 2 (1) NachwG

legt .... fest:

Folgende Inhalte müssen zu folgenden Terminen spätestens schriftlich festgelegt sein.

1. Am ersten Tag des Arbeitsverhältnisses:
   ....
   ....
2. Am siebten Tag des Arbeitsverhältnisses unter anderem:
   ....
3. Einen Monat nach Beginn des Arbeitsverhältnisses unter anderem:
   ....

S. 53–56

1. *Aus dem Arbeitsvertrag entstehen für die Vertragsparteien Pflichten, die sie erfüllen müssen. Ergänzen Sie die folgende Tabelle.*

Arbeitnehmerpflicht = ...	.... **= Arbeitnehmerrecht**
Arbeitspflicht:	.... Der Arbeitgeber muss Arbeitnehmerinnen und -nehmer nach vertraglicher Vereinbarung beschäftigen.
.... Verlangt von Arbeitnehmerinnen und -nehmern, sich für den Betrieb einzusetzen und ihm nicht zu schaden. Dazu zählen auch die .... und das	**Fürsorgepflicht:** ....
Sorgfaltspflicht:	.... Der Arbeitgeber ist verpflichtet, das vereinbarte Gehalt zu zahlen.
.... Arbeitnehmerinnen und -nehmer haben den Anweisungen des Arbeitgebers Folge zu leisten.	**Arbeitszeugnis:** ....

2. *Ergänzen Sie die Übersicht.*

Der Arbeitsvertrag kann zwischen dem Arbeitgeber und der Arbeitnehmerin bzw. dem Arbeitnehmer frei ausgehandelt werden. Man unterscheidet im Wesentlichen drei Vertragsarten.

Arten von Arbeitsverhältnissen

Unbefristete Verträge	....	....
o .... o	o .... o .... o Formvorschrift: schriftlich	o .... o In Betrieben mit mehr als 15 Beschäftigten gilt für den Vertragsabschluss: ....

Tobias hat die Zusage für eine Stelle als ausgelernter Maler ab dem 1. September 2023. Ihm wurde ein Bruttojahresgehalt von 31 200,00 € zugesichert.

Füllen Sie den Arbeitsvertrag für Tobias aus. Beachten Sie dabei die geltenden gesetzlichen Bestimmungen und berücksichtigen Sie die folgenden Angaben:

Arbeitnehmer: Tobias Wilke, Maienweg 10, 76084 Karlsruhe;

Arbeitsgeber: Malermeister Anton Weiß, Krausstraße 5, 76088 Karlsruhe.

Arbeitsvertrag für Arbeitnehmer

Zwischen ....

, nachfolgend „Arbeitgeber" genannt, und

Herrn/Frau ....

, nachfolgend „Arbeitnehmer" genannt, wird folgender Arbeitsvertrag geschlossen:

1. Beginn des Arbeitsverhältnisses

Das Arbeitsverhältnis beginnt am ....

2. Probezeit

Das Arbeitsverhältnis wird auf unbestimmte Zeit geschlossen. Die ersten .... gelten als Probezeit.

3. Tätigkeit

Der Arbeitnehmer wird als .... eingestellt und vor allem mit folgenden Arbeiten beschäftigt:

....

....

4. Arbeitsort

Der Arbeitsort richtet sich nach den Aufträgen des Arbeitgebers.

5. Arbeitsvergütung

Der Arbeitnehmer erhält eine monatliche Bruttovergütung von .... €.

6. Arbeitszeit

Die regelmäßige wöchentliche Arbeitszeit beträgt zurzeit .... Stunden.

7. Urlaub

Der Arbeitnehmer hat Anspruch auf einen gesetzlichen Mindesturlaub von .... Werktagen im Kalenderjahr.

8. Kündigung

Nach Ablauf der Probezeit beträgt die Kündigungsfrist ....

Die Kündigung bedarf der ....

9. Sonstige Vereinbarungen

....

....

....

Ort, Datum

....

Unterschrift Arbeitgeber Unterschrift Arbeitnehmer

S. 56–60

Lernsituation 6: Anders als in der Ausbildung sind Sie in einem Arbeitsverhältnis nicht durch den besonderen Kündigungsschutz geschützt. Insofern ist es wichtig für Sie zu wissen, wie ein Arbeitsverhältnis vom Arbeitgeber oder von der Arbeitnehmerin bzw. vom Arbeitnehmer beendet werden kann und welche Rechte Ihnen dabei bezüglich eines Arbeitszeugnisses zustehen. Bearbeiten Sie dazu bitte die folgenden Aufgaben mithilfe des Schulbuchs.

Für Arbeitnehmerinnen und Arbeitnehmer ist der Arbeitsplatz die Basis für ihre finanzielle Existenz. Deshalb schützt der Gesetzgeber sie vor willkürlicher Kündigung durch den Arbeitgeber. Eine Kündigung muss „sozial gerechtfertigt" sein.

1. *Beurteilen Sie, ob in den nachfolgenden Fällen*

- *das Kündigungsschutzgesetz anwendbar ist,*
- *die jeweilige Kündigung sozial gerechtfertigt ist.*

Beide Kündigungen ereignen sich in der Weber Bau OHG, einem Bauunternehmen mit insgesamt 24 langjährigen Mitarbeiterinnen und Mitarbeitern sowie drei Auszubildenden.

Fall 1:

Im Büro der Weber Bau OHG arbeiten zwei Angestellte, Frau Schmid und Frau Heinrich. Beide sind für alle anfallenden Tätigkeiten gemeinsam zuständig. Frau Schmid ist 34 Jahre alt und alleinerziehende Mutter eines sechsjährigen Sohnes. Sie arbeitet bei der Weber Bau OHG seit dem 1. November 2015. Frau Heinrich hingegen ist 32 Jahre alt und ledig. Sie ist seit dem 1. Dezember 2017 im Unternehmen beschäftigt. Aufgrund der schlechten Auftragslage wird Frau Schmid ordentlich gekündigt. Frau Heinrich wird weiterbeschäftigt.

Fall 2:

Sebastian Baier ist 26 Jahre alt und seit dem 1. Juni 2019 bei der Weber Bau OHG als Betonbauer angestellt. Herr Baier fehlte häufig, ohne eine Krankmeldung abzugeben. Das Team, dem Herr Baier angehört, konnte deshalb mehrfach Termine nicht einhalten. Herr Weber hat ihn deshalb bereits dreimal abgemahnt. Als Herr Baier ein weiteres Mal unentschuldigt fehlt, spricht Herr Weber ihm nach Anhörung des Betriebsrats die fristlose Kündigung aus.

- ....
....
....
- Fall 1: Die Kündigung von Frau Schmid ist ....
....
....
....

Fall 2: Die außerordentliche Kündigung von Herrn Baier ist ....
....
....
....
....

2. *Weshalb gilt für manche Personengruppen ein besonderer Kündigungsschutz?*

....
....
....

S. 58–60

Arbeitsverhältnisse werden aus sehr unterschiedlichen Gründen beendet. Beide Vertragsparteien haben grundsätzlich das Recht, den Arbeitsvertrag zu kündigen. Es gibt aber auch andere Möglichkeiten, wie ein Arbeitsvertrag beendet werden kann.

1. *Es gibt grundsätzlich drei Arten, wie ein Arbeitsverhältnis beendet werden kann. Ergänzen Sie dazu die folgende Übersicht.*

Beendigung des Arbeitsverhältnisses

durch .... bei	durch .... bei unbefristeten Arbeitsverhältnissen	durch .... bei ....
.... automatisch.	Eine der Vertragsparteien	Beide Vertragsparteien ....

.... Kündigung unter Einhaltung	.... Kündigung fristlos ....

2. *Beurteilen Sie, ob die folgenden Kündigungen rechtens sind.*

Fall 1:

Eine angestellte Floristin sagte zur Praktikantin: „In dem Mistladen lernst du eh nichts!" Daraufhin erhielt sie eine Abmahnung. Kurze Zeit später äußerte sie sich gegenüber einer Kundin: „Der Chef zahlt mir nur einen Hungerlohn!" Das veranlasste den Arbeitgeber, der Mitarbeiterin ordentlich zu kündigen.

....

....

....

Fall 2:

Ein angestellter Bäcker kaufte sich im zugehörigen Laden eine Brezel. Diese bestrich er mit Butter, die er nicht bezahlte. Sein Arbeitgeber kündigte ihm daraufhin fristlos.

....

....

S. 61–62

Eine Pflicht des Arbeitgebers aus dem Arbeitsvertrag ist das Erstellen eines Arbeitszeugnisses.

1. *Es gibt zwei Arten von Arbeitszeugnissen. Nennen und erläutern Sie diese.*

- ....
  ....
  ....
- ....
  ....
  ....

2. *Die Angaben im Arbeitszeugnis müssen wahr sein, aber dennoch wohlwollend formuliert werden. Außerdem muss es vollständig sein.*

- Benennen Sie die einzelnen Teile des Arbeitszeugnisses und geben Sie deren Inhalt an.

Arbeitszeugnis

1. Herr Paul Wagner, geboren am 3. Dezember 1987, war vom 1. Februar 2015 bis 28. Februar 2023 als Zimmerer in unserem Unternehmen beschäftigt.
2. Die Zimmerei Holzwurm GmbH ist ein Handwerksbetrieb in Tübingen mit 16 Mitarbeiterinnen und Mitarbeitern. Schwerpunkte des Unternehmens sind das Errichten von Holzkonstruktionen und Holzbauten aller Art.
3. Die Tätigkeit von Herrn Wagner umfasste die Bereiche Ausbau, Holzkonstruktionsbau und Trockenbau.
4. Herr Wagner erledigte die ihm übertragenen Aufgaben zu unserer Zufriedenheit. In der Ausführung der Tätigkeiten hat er unseren Erwartungen entsprochen. Er arbeitete sorgfältig und genau.
5. Herr Wagner war stets um ein gutes Verhältnis zu Kolleginnen und Kollegen sowie zu Vorgesetzten bemüht.
6. Wir danken Herrn Wagner für die von ihm geleistete Arbeit und wünschen ihm für seine berufliche Zukunft Erfolg.

....

Teil 1: Einleitung: Name, Geburtsdatum, Arbeitszeitraum und Position des Beschäftigten

Teil 2: ....

Teil 3: ....

Teil 4: ....

Teil 5: ....

Teil 6: ....

- Vergeben Sie eine Note für Leistung und Sozialverhalten von Herrn Wagner und begründen Sie diese.

  ....
  ....
  ....
  ....

Lernsituation 7: Sich seiner Rechte und Pflichten als Arbeitnehmerin bzw. Arbeitnehmer bewusst zu sein, ist gut. Noch besser ist es, zu wissen, wie sich Arbeitnehmerinnen und Arbeitnehmer gemeinsam organisieren und ihre Rechte auch umsetzen können. Dazu muss man wissen, wie ein Betriebsrat gegründet und Betriebsvereinbarungen mit dem Arbeitgeber abgeschlossen werden können. Hier nachfolgend finden Sie dazu Aufgaben, die auf die angegebenen Seiten im Schulbuch bezogen sind.

Ein Arbeitgeber kann nicht beliebig mit seinen Arbeitnehmerinnen und Arbeitnehmern umgehen. Dafür sorgen viele Arbeitsgesetze. Das Betriebsverfassungsgesetz regelt die Mitbestimmung von Arbeitnehmerinnen und Arbeitnehmern in Betrieben und Unternehmen.

1. *Welche Vorteile sehen Sie in der Mitbestimmung der Arbeitnehmerinnen und Arbeitnehmer im Betrieb? Welche Argumente kann es gegen die Mitbestimmung geben?*

\+ ....

\+ ....

\+ ....

\+ ....

– ....

– ....

– ....

– ....

2. *Der Betriebsrat setzt sich in verschiedenen Bereichen für die Mitarbeiterinnen und Mitarbeiter ein. Formulieren Sie konkrete Beispiele für die folgenden Tätigkeiten eines Betriebsrats aus Ihrer Arbeitswelt:*

- Er greift Anregungen seiner Kolleginnen und Kollegen auf und übermittelt diese dem Arbeitgeber:

  ....

  ....

  ....

- Er achtet auf die Einhaltung der Vorschriften im Bereich der Arbeitssicherheit:

  ....

  ....

  ....

- Er bemüht sich um die Vereinbarkeit von Beruf und Familie:

  ....

  ....

  ....

- Er fördert die Integration ausländischer Mitarbeiterinnen und Mitarbeiter:

  ....

  ....

  ....

- Er unterstützt Kolleginnen und Kollegen bei Konflikten:

  ....

  ....

S. 67–71

Um einen Betriebsrat einrichten zu können, müssen bestimmte Voraussetzungen erfüllt sein.

Robin (22 Jahre alt) hat eine neue Stelle bei der Dönmez Metallbau GmbH bekommen. Herr Dönmez beschäftigt 32 Arbeitnehmerinnen und Arbeitnehmer. 31 (volljährige) Mitarbeiterinnen und Mitarbeiter sind langjährig im Betrieb beschäftigt. Robin ist der einzige „Neue". Darüber hinaus gibt es zwei 17-jährige Auszubildende im zweiten Lehrjahr.

Beantworten Sie die folgenden Fragen mithilfe des Betriebsverfassungsgesetzes (BetrVG).

§ 1 BetrVG – Errichtung von Betriebsräten

(1) In Betrieben mit in der Regel mindestens fünf ständigen wahlberechtigten Arbeitnehmern, von denen drei wählbar sind, werden Betriebsräte gewählt. [...]

§ 5 BetrVG – Arbeitnehmer

(1) Arbeitnehmer (Arbeitnehmerinnen und Arbeitnehmer) im Sinne dieses Gesetzes sind Arbeiter und Angestellte einschließlich der zu ihrer Berufsausbildung Beschäftigten, unabhängig davon, ob sie im Betrieb, im Außendienst oder mit Telearbeit beschäftigt werden. [...]

§ 7 BetrVG – Wahlberechtigung

Wahlberechtigt sind alle Arbeitnehmer des Betriebs, die das 16. Lebensjahr vollendet haben. [...]

§ 8 BetrVG – Wählbarkeit

(1) Wählbar sind alle Wahlberechtigten, die das 18. Lebensjahr vollendet haben und sechs Monate dem Betrieb angehören oder als in Heimarbeit Beschäftigte in der Hauptsache für den Betrieb gearbeitet haben. [...]

§ 9 BetrVG – Zahl der Betriebsratsmitglieder

Der Betriebsrat besteht in Betrieben mit in der Regel

5 bis 20	wahlberechtigten Arbeitnehmern aus einer Person,
21 bis 50	wahlberechtigten Arbeitnehmern aus 3 Mitgliedern,
51 bis 100	wahlberechtigten Arbeitnehmern aus 5 Mitgliedern,
101 bis 200	wahlberechtigten Arbeitnehmern aus 7 Mitgliedern [...].

- Beurteilen Sie, ob bei der Dönmez Metallbau GmbH die Voraussetzungen erfüllt sind, um einen Betriebsrat wählen zu können.

....

....

....

....

- Begründen Sie, wer bei der Dönmez Metallbau GmbH zum Betriebsrat gewählt werden kann und wer nicht.

....

....

....

....

....

....

- Wie viele Betriebsratsmitglieder können bei der Dönmez Metallbau GmbH gewählt werden?

....

Der Betriebsrat vertritt die Interessen der Arbeitnehmerinnen und Arbeitnehmer gegenüber dem Arbeitgeber. Nach dem Betriebsverfassungsgesetz hat er bestimmte Aufgaben zu erfüllen und kann verschiedene Rechte im Sinne der Mitarbeiterinnen und Mitarbeiter in Anspruch nehmen.

Ergänzen Sie die Übersicht zu den Rechten des Betriebsrats.

Die Rechte des Betriebsrats sind

.... recht	.... recht	.... recht
bedeutet, dass:	bedeutet, dass:	bedeutet, dass: ....
Es gilt bei .... Angelegenheiten, z. B.: ○ .... ○ .... ○	Es gilt bei .... Angelegenheiten, z. B.: ○ .... ○ .... ○	Es gilt bei .... Angelegenheiten, z. B.: ○ .... ○ .... ○ ....

S. 67–71

Das Hauptorgan der betrieblichen Interessenvertretung der Arbeitnehmerinnen und Arbeitnehmer ist der Betriebsrat.

1. *Formulieren Sie zu den folgenden Antworten die passenden Fragen.*

Frage	Antwort
....	Das Betriebsverfassungsgesetz
....	Mindestens fünf ständige wahlberechtigte Arbeitnehmerinnen und Arbeitnehmer, von denen drei wählbar sind
....	Alle vier Jahre
....	Alle Arbeitnehmerinnen und Arbeitnehmer ab 16 Jahren
....	Alle Arbeitnehmerinnen und Arbeitnehmer, die mindestens 18 Jahre alt und seit sechs Monaten im Betrieb sind
....	Von der Anzahl der wahlberechtigten Arbeitnehmerinnen und Arbeitnehmer
....	Geheim und unmittelbar
....	Fünf
....	Der/die Betriebsratsvorsitzende und die stellvertretende Person
....	Der Betriebsausschuss

2. *Erläutern Sie, welche Rechte der Betriebsrat in den folgenden Fällen hat.*

Auf Wunsch der Mitarbeiterinnen und Mitarbeiter soll der Freitagnachmittag frei sein. Dafür soll an den anderen Wochentagen länger gearbeitet werden.

....

....

Der Arbeitgeber möchte einer Mitarbeiterin kündigen, weil sie im vergangenen Jahr wegen Krankheit mehrere Monate fehlte.

....

....

Lernsituation 8: Manche arbeitsrechtliche Fragen lassen sich besser nicht allein oder im einzelnen Betrieb, sondern gleich für eine ganze Branche klären, damit dann überall vergleichbare Arbeitsbedingungen herrschen. Diese überbetrieblichen Regelungen werden zwischen Arbeitgeber- und Arbeitnehmervertreterinnen und -vertretern in Tarifverträgen ausgehandelt. Zu den Grundlagen des Tarifrechts bearbeiten Sie bitte die nachfolgenden Aufgaben. Wie immer finden Sie die Informationstexte dazu auf den angegebenen Seiten im Schulbuch.

Ergänzen Sie die Übersicht zum Tarifvertrag.

Artikel 9 (3) Grundgesetz

……………………………………………………………………………

……………………………………………………………………………

……………………………………………………………………………

Gemeinsame Interessen der Sozialpartner:

- ……………………………………
- ……………………………………
- ……………………………………

……………………… verband

Interessen:

- ……………………………
- ……………………………

………………………………

Interessen:

- ……………………………
- ……………………………

Tarifvertrag = kollektiver ………………………

Tarifverträge nach Inhalt

Manteltarifvertrag:	………………………:	………………………:
regelt: ………………………	regelt: ………………………	regelt: ………………………
Laufzeit: ………………………	Laufzeit: ………………………	Laufzeit: ………………………

Ergänzen Sie die Übersicht.

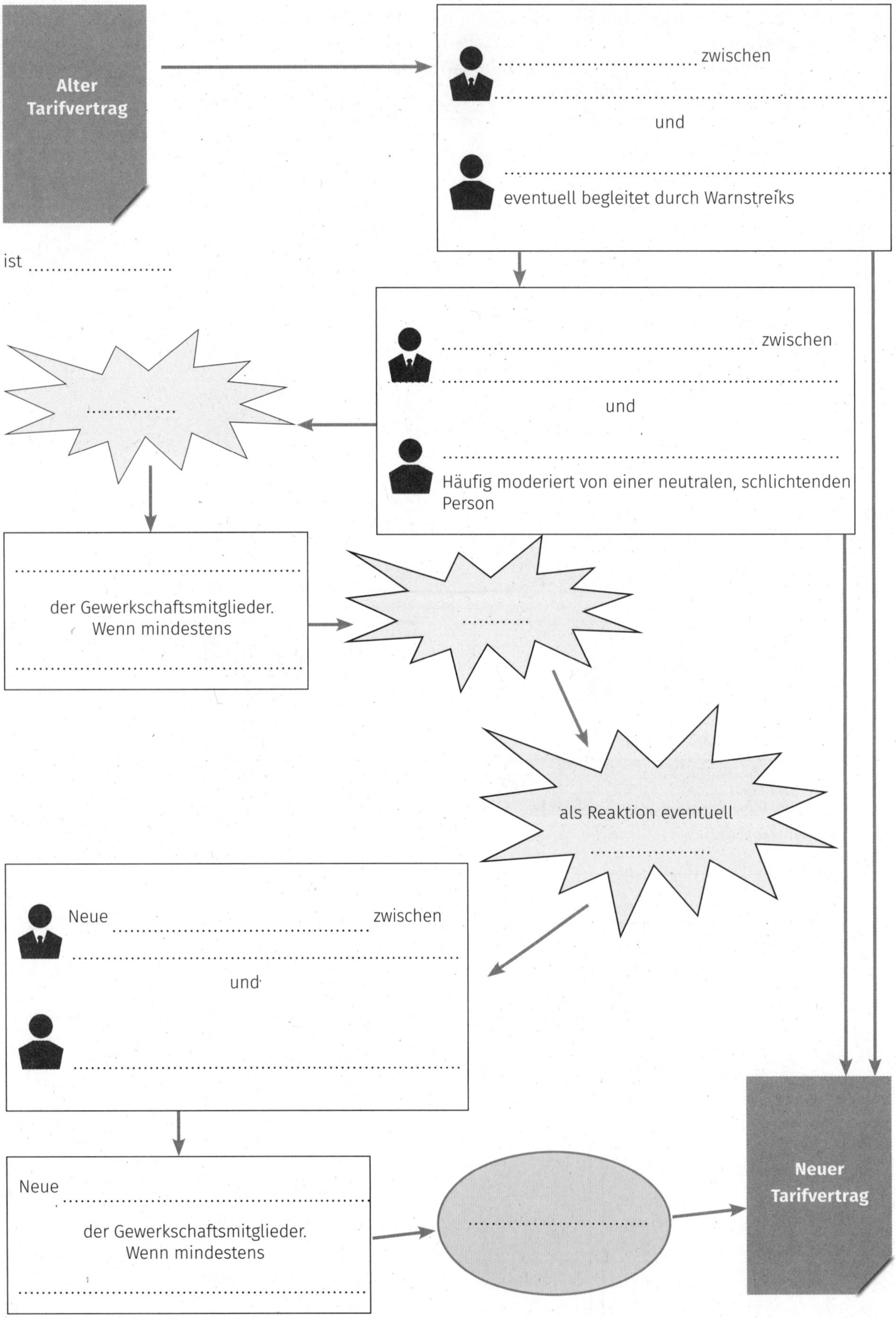

Ergänzen Sie das kleine Tariflexikon.

Begriff	Erklärung
Arbeitgeberverband	....
....	Durch ihn versuchen die Gewerkschaften mit Streik und die Arbeitgeber mit Aussperrung, Druck auszuüben und die eigenen Interessen durchzusetzen.
Aussperrung	....
....	Sie herrscht während der Laufzeit eines Tarifvertrags, es dürfen keine Arbeitskampfmaßnahmen angedroht oder durchgeführt werden.
Gewerkschaft	....
....	Versuch der Annäherung der Vertragsparteien bei erhärteten Positionen, mithilfe von Schlichtungskommissionen oder einer neutralen Schlichtungsperson
Streik	....
....	Verhandlungen zwischen Arbeitgeberverband und Gewerkschaft mit dem Ziel, einen neuen Tarifvertrag abzuschließen; die anfangs unterschiedlichen Interessen enden in einem Kompromiss.
Urabstimmung	....
....	Ausgewählte Vertreterinnen und Vertreter von Arbeitgeberverband und Gewerkschaft, die über den neuen Tarifvertrag verhandeln
Warnstreik	....

S. 48–87

Im folgenden Buchstabensalat haben sich horizontal, vertikal und diagonal 18 Begriffe rund um die Themen „Arbeitsvertrag“, „betriebliche Mitbestimmung“ und „Tarifvertrag“ versteckt. Finden Sie die Begriffe und ordnen Sie diese den Überbegriffen zu.

O	Q	V	O	R	S	T	E	L	L	U	N	G	S	G	E	S	P	R	A	E	C	H	B	A	S
G	F	A	B	D	K	W	I	B	W	X	B	M	O	A	Y	Q	A	Y	D	C	E	T	G	E	W
D	D	T	Q	D	A	B	U	J	N	M	H	N	H	B	F	E	D	S	X	V	X	S	D	E	Y
B	Q	G	V	S	Q	R	C	V	B	H	R	N	N	H	Z	Y	X	Q	A	L	I	O	K	V	F
E	N	A	B	C	U	E	B	E	T	R	I	E	B	S	V	E	R	S	A	M	M	L	U	N	G
T	M	S	F	D	F	T	G	E	W	D	F	V	B	N	T	Z	G	U	H	K	M	A	E	C	A
R	U	V	C	R	A	A	U	S	I	D	F	T	I	J	H	K	N	T	E	D	I	O	N	W	W
I	G	B	D	R	T	V	H	I	H	T	N	E	W	V	B	T	Z	F	C	D	E	J	D	R	N
E	R	Q	E	Y	I	B	N	L	O	P	G	D	F	R	T	D	S	V	A	Y	Y	R	I	Z	A
B	T	A	R	S	W	D	R	D	H	T	E	E	E	H	U	T	F	W	E	D	T	R	G	W	C
S	Z	Z	T	V	D	F	G	R	H	Z	F	E	B	C	V	B	N	M	Q	A	S	D	U	T	H
V	G	A	D	H	P	L	K	I	K	J	U	H	G	E	V	F	C	D	X	R	T	B	N	S	W
E	C	R	F	E	Q	Q	A	T	Y	X	R	V	W	D	R	T	G	U	D	F	E	B	G	D	E
R	Y	B	T	F	R	I	S	T	A	B	L	A	U	F	Y	V	A	W	P	L	I	Q	M	G	I
E	X	E	V	C	L	A	D	E	G	X	Z	B	I	N	T	V	E	I	T	F	N	D	S	X	S
I	Y	I	D	F	W	G	D	L	G	J	H	I	T	P	K	I	N	R	S	C	I	S	F	H	G
N	W	T	C	T	W	F	S	B	G	B	E	U	H	G	N	M	I	T	B	D	G	H	D	W	E
B	S	S	W	B	X	V	Q	E	Z	E	N	D	A	W	N	K	Z	S	N	A	U	W	D	H	S
A	H	Z	S	Z	X	S	R	T	V	G	Z	T	T	H	N	U	D	C	Q	A	N	Z	F	K	E
R	N	E	I	Z	K	L	I	E	O	I	I	E	R	R	F	V	B	H	G	H	G	D	H	J	T
U	K	U	J	G	Q	Q	D	I	C	E	S	T	G	F	E	B	H	A	N	G	S	Z	K	I	Z
N	G	G	N	D	S	C	H	L	I	C	H	T	U	N	G	I	O	F	M	K	S	L	B	G	E
G	W	N	G	W	H	H	J	I	H	E	F	R	R	S	C	V	B	T	G	V	T	D	E	G	T
L	J	I	D	M	H	S	F	G	Q	A	R	V	R	E	J	N	T	S	Z	I	E	V	W	D	B
A	U	S	S	P	E	R	R	U	N	G	L	P	J	N	I	T	Z	A	G	Z	L	D	E	K	E
D	B	M	G	A	Q	Q	T	N	T	T	H	F	U	P	L	K	E	U	R	B	L	N	R	A	Y
U	X	C	V	O	Q	N	G	G	R	C	J	D	K	Z	I	G	N	S	V	D	E	S	B	B	T
G	F	R	I	E	D	E	N	S	P	F	L	I	C	H	T	Y	X	S	G	B	T	H	U	M	Q
R	T	V	B	J	Q	A	Z	G	R	T	N	B	T	V	R	U	H	C	G	M	L	K	N	P	O
Q	S	U	B	E	G	E	W	E	R	K	S	C	H	A	F	T	U	H	Q	H	Q	S	G	W	Q
B	O	I	D	N	Q	S	F	S	T	G	F	G	V	E	B	U	N	U	D	R	S	D	H	T	Q
S	Q	I	B	E	T	R	I	E	B	S	R	A	T	K	P	L	T	S	Z	U	I	G	H	V	C
C	S	C	V	R	F	Q	E	T	J	K	K	J	U	H	E	F	V	S	X	A	Q	M	U	H	D
Z	U	R	T	F	E	D	G	Z	L	L	K	U	H	D	E	Q	N	Q	A	K	H	C	W	W	L

Arbeitsvertrag	Betriebliche Mitbestimmung	Tarifvertrag
Arbeitszeugnis	....	....
....	....	....
....	....	....
....	....	....
....	....	....
....	....	....

Lernsituation 9: Im Leben gibt es Risiken, die Ihnen Ihre gesamte finanzielle Existenz rauben könnten, wenn Sie sie selbst bezahlen müssten. Davor schützt die für Arbeitnehmerinnen und Arbeitnehmer genauso wie Auszubildende verpflichtende Sozialversicherung mit ihren Zweigen, damit Sie gegen die größten Risiken abgesichert sind. Bitte erarbeiten Sie sich das System der Sozialversicherung anhand der folgenden Aufgaben mithilfe der Informationstexte im Schulbuch.

1. *Ergänzen Sie:*

Durch die Zweige der .... werden Arbeitnehmerinnen und Arbeitnehmer vor den Folgen von folgenden fünf großen Lebensrisiken geschützt: ....

....

2. *Ergänzen Sie die zusammenfassende Übersicht zur Sozialversicherung:*

Zweige	**Gesetzliche Krankenversicherung**	**Gesetzliche Unfallversicherung**	**Gesetzliche Rentenversicherung**	**Gesetzliche Arbeitslosenversicherung**	**Gesetzliche Pflegeversicherung**
Zweck	....	Unfallverhütung, Schutz bei Arbeitsunfällen und Berufskrankheit	....	....	....
Träger	....	....	....	Bundesagentur für Arbeit (BA)	....
Leistungen	....	....	....	o Arbeitsförderung o Arbeitssicherung o ALG I o Bürgergeld (ehemals ALG II bzw. „Hartz IV“)	....
Beitragssatz	....	....	....	....	3,4 % vom Bruttolohn + Zuschlag bzw. Abschläge je nach Kinderzahl
Beitragsverteilung auf AG und AN	AG: .... AN:	Arbeitgeber .... Je nach Wirtschaftszweig unterschiedliche Beiträge	Arbeitgeber .... Arbeitnehmer/-in	Arbeitgeber .... Arbeitnehmer/-in	Arbeitgeber 1,7 % Arbeitnehmer/-in 1,7 % + 0,6 % Kinderlosenzuschlag, −0,25 % Abschlag jeweils für das 2. bis 5. Kind

1. *Ergänzen Sie:*

Um Arbeitnehmerinnen und Arbeitnehmer vor .... zu schützen, ist die Mitgliedschaft in der Sozialversicherung .... Ausnahmeregelungen gelten für

....

2. *Berechnen Sie die Beiträge für die einzelnen Zweige der Sozialversicherung. Bestimmen Sie den Beitragsanteil für Arbeitnehmerinnen und Arbeitnehmer (AN) und Arbeitgeber (AG) unter Beachtung der Beitragsbemessungsgrenze.*

Hinweis: Beitragsbemessungsgrenze: GKV und GPV 5 175,00 €, GRV und GAV 7 550,00 € (alte Bundesländer) Beitragssätze 2024 monatlich: GKV 15,7 % (einschl. Zusatzbeitrag 1,1 %), GAV 2,6 %, GRV 18,6 %, GPV 3,4 % zusätzlich Kinderlosenzuschlag über 23 Jahre 0,6 %

Monatliches Bruttoeinkommen, Arbeitsverhältnis West	Lohnabzug vom Bruttolohn des AN (in €) für				Beitragsanteil	
	Krankenversicherung	Arbeitslosenversicherung	Rentenversicherung	Pflegeversicherung	AN	AG
Auszubildender, kinderlos, 19 J., 1 000,00 €	....	....	....	....	....	....
AN, kinderlos, 30 J., 3 000,00 €	....	....	....	....	....	....
AN, ein Kind, 4 000,00 €	....	....	....	....	....	....
AN, kinderlos, 35 J., 8 000,00 €	....	....	....	....	....	....

3. *Ordnen Sie den dargestellten Alltagssituationen den jeweils zuständigen Zweig der Sozialversicherung zu.*

Alltagssituation	Versicherung
Die Auszubildende Andrea verunglückt auf dem Weg zur Arbeit.	....
Nach erfolgreich bestandener Abschlussprüfung wird Jan vom Ausbildungsbetrieb nicht übernommen.	....
Petras Mutter kümmert sich um die demente Großmutter.	....
Michael bricht sich das Bein beim Skifahren.	....
Mit 65 Jahren wird Klaus in den wohlverdienten Ruhestand verabschiedet.	....
Die Hüftoperation des 52-jährigen Sandro erfordert eine dreiwöchige Reha.	....
Sabine will sich nach ihrer bestandenen Abschlussprüfung über Möglichkeiten der Weiterbildung beraten lassen.	....
Nach seinem Unfall kann Anton nur noch weniger als sechs Stunden arbeiten.	....
Der Bäcker Andreas erkrankt an einer Mehlmilbenallergie.	....
Die Mitarbeiterinnen und Mitarbeiter sollen mit den neuesten Vorschriften zum Anschlagen und Transportieren schwerer Lasten vertraut gemacht werden.	....

Die Rentenhöhe der späteren Rente hängt von verschiedenen Faktoren ab. Im Wesentlichen wird das Erwerbsleben jeder Person durch die Entgeltpunkte (Ep) abgebildet.

1. *Berechnen Sie die Entgeltpunkte (Ep), wenn der Durchschnittsverdienst aller versicherten Erwerbstätigen in einem Jahr 45 358,00 € (Stand 2024) beträgt.*

Jahreseinkommen Arbeitnehmer/-in	**18 143,20 €**	**31 750,60 €**	**45 358,00 €**	**54 429,60 €**
Entgeltpunkte aus dem Jahreseinkommen	....	....	....	....

Die monatliche Rente ergibt sich aus der Multiplikation der persönlichen Entgeltpunkte, dem Zugangsfaktor, dem Rentenartenfaktor und dem aktuellen Rentenwert (aRw).

2. *Ergänzen Sie:*

Unter Rentendynamisierung versteht man, dass durch den aktuellen Rentenwert (aRw) die .... an die jährliche Entwicklung der .... angepasst wird.

Basis der gesetzlichen Rentenversicherung ist das Umlageverfahren.

3. *Erläutern Sie den Generationenvertrag.*

....

....

4. *Beschreiben Sie stichwortartig die Probleme, die sich aus dem Umlageverfahren bzw. dem Generationenvertrag ergeben.*

....

....

....

5. *Nennen Sie Lösungsmöglichkeiten.*

....

....

....

6. *Wer hat Anspruch auf Arbeitslosengeld I (ALG I)?*

Anspruch auf Arbeitslosengeld I (ALG I) hat, wer .... ist, der Arbeitsvermittlung zur .... steht, mindestens .... während der letzten 30 Monate .... beschäftigt war, sich beim Arbeitsamt .... gemeldet und Arbeitslosengeld I (ALG I) .... hat.

Lösen Sie das Kreuzworträtsel. Das Lösungswort, von oben nach unten gelesen, ergibt eine wesentliche Aufgabe der Sozialversicherung.

1. Er bestimmt die Höhe des Lohnabzugs bei den Zweigen der Sozialversicherung.
2. Dieses kann erhalten, wer sich um demenzkranke Angehörige kümmert.
3. Sie werden pro Person pro Jahr berechnet und hängen vom Verhältnis des eigenen Lohns zum Durchschnittsverdienst aller Versicherten ab.
4. Bevor diese nicht zusammengekommen ist, wird keine Rente gezahlt.
5. Diese besteht für alle Arbeitnehmerinnen und Arbeitnehmer bei der Sozialversicherung.
6. Dies gibt es für Hinterbliebene bis zur Beendigung der Erstausbildung.
7. Ein Zweig der Sozialversicherung zur Einkommenssicherung im Alter.
8. Dieses zeichnet den während des Erwerbslebens erworbenen Anspruch auf.
9. In diesem Zustand hilft ein Zweig der Sozialversicherung.
10. Muss vor einer Klage beim Sozialgericht eingelegt werden.
11. Dieser wird bei Arbeitnehmerinnen und Arbeitnehmern aufgrund der Sozialversicherung vom Arbeitgeber vorgenommen.
12. Diese fallen in keiner Instanz der Sozialgerichtsbarkeit an.
13. Diese sind erforderlich, um aus der Arbeitslosenversicherung Leistungen in Anspruch nehmen zu können.
14. Sie ist der Lohn für ein langjähriges Arbeitsleben.

Lernsituation 10: Auch wenn die Sozialversicherung die größten Lebensrisiken abdeckt, gibt es doch noch genügend Lebensbereiche, in denen das Risiko von hohen Kosten durch nicht absichtlich herbeigefügte Ereignisse besteht. Hierbei überlässt es der Staat aber den Bürgerinnen und Bürgern, inwiefern sie sich dagegen versichern. Welche Möglichkeiten zur privaten Zusatzversicherung bestehen, erfahren Sie durch Erarbeitung der folgenden Aufgaben mithilfe des Schulbuchs.

1. *Formulieren Sie in der Tabelle die Unterschiede zwischen Privatversicherung und Sozialversicherung.*

Privatversicherung	Merkmal	Sozialversicherung
....	**Mitgliedschaft**	....
....	**Beitragshöhe**	....
....	**Finanzierung**	....
....	**Leistung**	....
....	**Ziel**	....

2. *Ordnen Sie den Fallbeispielen einen geeigneten privaten Versicherungsschutz zu.*

Fallbeispiel	Versicherungsschutz durch
1. Absicherung des Einkommens für Alleinstehende und Berufseinsteigende mit Familie	....
2. Ausgleich der Rentenlücke (Differenz zwischen Nettolohn und Rente)	....
3. Vorsorge im Krankheitsfall für Beamtinnen und Beamten, die nicht der Pflichtversicherung unterliegen	....
4. Vorsorge im Todesfall für Hinterbliebene	....
5. Erweiterung der Leistungen aus der gesetzlichen Krankenversicherung	....
6. Einkommensausfall im Krankheitsfall für Selbstständige	....
7. Schutz des Wohnungsinventars vor Feuer, Diebstahl und Leitungswasserschaden	....
8. Sohn schießt beim Ballspiel Nachbars Fensterscheibe ein	....

3. *Erläutern Sie den Unterschied zwischen Risiko-Lebensversicherung und Kapital-Lebensversicherung.*

....
....
....
....

S. 116–121

Lernsituation 11: Hoffentlich finden Sie eine Arbeitsstelle, die Sie erfüllt und Ihren Interessen entspricht. Aber auch nicht ganz unwichtig: Sie wollen damit Geld verdienen. Damit Sie diesen Lohn Ihrer Arbeit auch selbst ausrechnen können, finden Sie hier nachfolgend einige Aufgaben. Das dazu nötige Fachwissen eignen Sie sich bitte wie immer mithilfe des Schulbuchs auf den angegebenen Seiten an.

Die öffentlichen Haushalte des Bundes, der Länder und der Gemeinden finanzieren ihre Ausgaben in erster Linie durch die Erhebung von Steuern. Bei den Kommunen spielen zusätzlich die Einnahmen aus Gebühren und Beiträgen eine wichtige Rolle. Reichen diese ordentlichen Einnahmen nicht aus, so müssen die fehlenden Mittel durch die Aufnahme von Krediten beschafft werden.

1. *Unterscheiden Sie Steuern von Gebühren und Beiträgen und geben Sie Beispiele.*

- Steuern: ....
- Gebühren: ....
- Beiträge: ....

2. *Der Staat erhebt Abgaben in erster Linie zur Finanzierung seiner vielfältigen Aufgaben.*
Nennen Sie die Hauptausgabenbereiche von Bund, Ländern und Gemeinden.

Bund	**Länder**	**Gemeinden**
....	....	....
....	....	....
....	....	....
....	....	....
....	....	....
....	....	....

3. *Darüber hinaus verfolgt der Staat mit der Erhebung von Abgaben, insbesondere mit den Steuern, weitere politische Zielsetzungen. Welche Ziele stehen in folgenden Fällen im Vordergrund?*

- Erhöhung der Mineralölsteuer:
  ....
- Steuerfreier Grundfreibetrag und steigende Steuersätze bei der Lohn- und Einkommensteuer:
  ....
- Erhöhung der Lohn- und Einkommensteuer um 10 % während einer Hochkonjunktur:
  ....
- Befreiung der Unternehmen einer Krisenregion von der Gewerbesteuer für fünf Jahre:
  ....

S. 121–122

Die **Kaufkraft** ist abhängig von der Entwicklung der **Löhne und der Inflation**. Im dritten Quartal 2023 sind die Bruttolöhne um 6,5 % und die Nettolöhne um 6,3 % gegenüber dem Vorjahr gestiegen. Im selben Jahr betrug die Preissteigerung 5,7 %.

1. *Erläutern Sie die folgenden Begriffe.*

- **Bruttolohn:** ....
- **Nettolohn:** ....
- **Nominallohn:** ....
- **Reallohn:** ....

....

2. *Berechnen Sie die Veränderung des Reallohns in Deutschland für 2022 und erläutern Sie das Ergebnis.*

Veränderung des Reallohns = Nettolohnsteigerung – Preissteigerung

Veränderung des Reallohns im dritten Quartal 2023 = ...

Erklärung zu diesem Ergebnis: ....

....

....

....

3. *Erläutern Sie, warum die Nettolöhne geringer gestiegen sein könnten als die Bruttolöhne.*

....

....

4. *Für verschiedene Personen in verschiedenen Ländern sind Ihnen die folgenden Werte gegeben. Ermitteln Sie die fehlenden Werte in der rechten Spalte.*

Land	Gegeben sind	Ermitteln Sie
A	Bruttolohnsteigerung: 150,00 € Nettolohnsteigerung: 120,00 €	Sozialabgaben und Steuern: ....
B	Reallohnsteigerung: 2 % Inflation: 3 %	Nominallohnsteigerung: ....
C	Netto-Reallohnsteigerung: 1 % Netto-Nominallohnsteigerung: 2 % Vom Arbeitnehmer zu zahlende Steuern und Sozialabgaben: keine Veränderung	Inflation in %: .... Brutto-Nominallohnsteigerung: ....
D	Nominallohnsteigerung: 1 000,00 € Reallohnsteigerung: 800,00 €	Inflation in %: ....

S. 122–123

1. *Ergänzen Sie den nachfolgenden Text:*

Beim **Zeitlohn** werden Arbeitnehmerinnen und -nehmer nach der .... der abgeleisteten .... unabhängig von der geleisteten .... entlohnt.

2. *Ein Geselle im ersten Gesellenjahr erhält seinen* ***Zeitlohn als Monatslohn****. Seine Zeiterfassungskarte weist für den zurückliegenden Monat eine Anwesenheitszeit von 150 Stunden aus. Berechnen Sie den monatlichen Bruttolohn, wenn sein Stundenlohn 15,20 €/Std. beträgt.*

Bruttolohn = Arbeitszeit × Stundenlohn

Bruttolohn = ...

3. *Begründen Sie, warum bei den folgenden Tätigkeiten die Entlohnung im Zeitlohn gerechtfertigt ist.*

Tätigkeit	Begründung
Als Sachbearbeiter/-in im Einkauf führen Sie Lieferantengespräche, machen Preis- und Qualitätsvergleiche und innerbetriebliche Terminabsprachen.	....
In der Entwicklung von Ölpumpen sind Sie mit dem Aufbau und der Auswertung von Versuchsreihen, Verschleißteilprüfung, Dokumentation beschäftigt.	....
In der Motorenfertigung arbeiten Sie am Montagefließband.	....
Im Friseurhandwerk frisieren Sie die Kundinnen und Kunden.	....

4. *Nennen Sie jeweils Vor- und Nachteile des Zeitlohnes aus der Sicht von Arbeitnehmerinnen und Arbeitnehmern sowie von Arbeitgebern.*

Standpunkt	Vorteil	Nachteil
Arbeitnehmerinnen und Arbeitnehmer	+ .... + ... + ... + ...	– .... – .... – ....
Arbeitgeber	+ .... + ... + ...	– .... – ....

S. 123–124

Beim Zeitlohn erhalten Mitarbeiterinnen und Mitarbeiter für die gleiche Stundenanzahl die gleiche Bezahlung. Bezahlt wird also Arbeit, nicht Leistung. Wird die erwartete normale Leistung nicht erbracht, droht die Kündigung. Es gibt aber im Zeitlohn auch die Möglichkeit, eine höhere Leistung durch eine **Leistungszulage** zu honorieren.

1. *Nennen Sie Leistungsmerkmale, die in eine Beurteilung von Leistung einfließen können.*

....

....

2. *Ergänzen Sie:*

Beim Prämienlohn werden für .... zusätzlich zum ....

Prämien als Leistungsanreiz gezahlt. Der Prämienlohn ist wie der Zeitlohn mit Leistungszulage eine

.... Lohnform.

3. *Nennen Sie Merkmale, die als Grundlage für Prämien gewertet werden können.*

....

4. *Lösen Sie das Kreuzworträtsel. Die Lösung ergibt einen zusammenfassenden Oberbegriff der Entlohnung.*

1. Lohnform, bei der sich die Entlohnung nach der Arbeitszeit richtet.

2. Lohnform, bei der die produzierte Menge die Lohnhöhe bestimmt.

3. Lohnform, bei der die Entlohnung vom Unternehmenserfolg abhängt.

4. Lohnform, bei der besondere Leistungen honoriert werden.

5. Lohnform, bei der die Arbeitsleistung entlohnt wird.

6. Üblicher Akkordrichtsatz bei der Berechnung von Akkordlohn.

1		9			1											
2				2					3							
3																4
4		7								6						
5													10			
6	8							5								

Lösungswort:	1	2	3	4	5	6	7	8	9	10

S. 126–127

Arbeitsbewertung bedeutet, dass ein System geschaffen wird, um die Entlohnung unterschiedlicher Arbeitsplätze möglichst objektiv, vergleichbar und gerecht zu gestalten. Die Fertigung qualitativ hochwertiger Uhren erfordert beispielsweise hohes handwerkliches Geschick, das Zerlegen von Schweinen ist eine anstrengende Routinearbeit in feuchten, kühlen Schlachthöfen. Beides sollte in eine gute Arbeitsbewertung einfließen.

1. *Ergänzen Sie:*

Die **Aufgabe der Arbeitsbewertung** ist es, die unterschiedlichen .... an einzelne Arbeitsplätze zu .... und zu ....

2. *Ergänzen Sie:*

Bei der **summarischen Arbeitsbewertung** werden die Verrichtungen des zu bewertenden Arbeitsplatzes als .... erfasst und einer entsprechenden .... zugeordnet.

3. *Nennen Sie wichtige Bewertungsmerkmale für Lohngruppen in der summarischen Arbeitsbewertung.*

....

....

4. *Ordnen Sie den beiden Arbeitsplätzen eine der unten aufgeführten Lohngruppen zu.*

Arbeitsplatz 1: Montieren von Ölpumpen

Eine Mitarbeiterin legt einzelne Teile in eine Vorrichtung. Über das Betätigen der pneumatischen Presse werden die Teile funktionsgerecht fixiert. Nach einer Anlernphase von vier Wochen verfügt die Mitarbeiterin über die erforderlichen Arbeitskenntnisse.

Arbeitsplatz 2: Einrichten von Automaten

Ein Mitarbeiter betreut drei Montageplätze verschiedener Pumpentypen, behebt Störungen, übernimmt die Qualitätssicherung und Endkontrolle. Es sind eine Ausbildung und Berufserfahrung im Bereich der Ölpumpenmontage erforderlich.

Lohngruppe	Lohngruppen – Definition	Lohnschlüssel
I	Arbeiten einfachster Art, ohne vorherige Arbeitskenntnisse	75 %
II	Arbeiten, die ein Anlernen von vier Wochen erfordern und mit geringen körperlichen Belastungen verbunden sind	80 %
III	Arbeiten, die ein Anlernen von drei Monaten erfordern	95 %
IV	Arbeiten, die eine abgeschlossene Ausbildung in einem anerkannten Ausbildungsberuf erfordern	100 %
V	Arbeiten der LG VI, die besondere Fertigkeiten und/oder Berufserfahrung erfordern	108 %
VI	Arbeiten, die Berufskenntnisse, mehrjährige Berufserfahrung und ein hohes fachliches Können voraussetzen	> 125 %

Arbeitsplatz 1: .... **Arbeitsplatz 2:** ....

1. *Ergänzen Sie:*

Bei der **analytischen Arbeitsbewertung** wird der Schwierigkeitsgrad der auszuführenden Tätigkeit nach der Summe der Beanspruchungen in .... bestimmt.

2. *Nennen Sie übliche Anforderungsarten, die einer analytischen Arbeitsbewertung zugrunde liegen.*

....

3. *Erläutern Sie die erforderlichen Schritte, um eine analytische Arbeitsplatzbewertung durchführen zu können.*

1. ....
2. ....

4. *Ermitteln Sie aus den folgenden Arbeitsplatzbeschreibungen die Anforderungen. Bewerten Sie die Anforderungen und ordnen Sie den Arbeitsplätzen entsprechende Lohngruppen zu.*

Arbeitsplatz 1 (AP1)

Mithilfe von Vorrichtungen sind mittelgroße Einzelteile zu Trägergestellen zusammenzuschweißen. Die Sichtnähte müssen schlackenfrei ausgeführt und wurzeltief durchgeschweißt werden. Es sind waagrechte und senkrecht aufsteigende Nähte auszuführen. Das Abschlagen der Schlacke ist mit Lärm und Staub verbunden. Das Tragen einer Schutzkleidung ist erforderlich. Schweißproben werden in regelmäßigen Abständen geprüft.

Arbeitsplatz 2 (AP2)

Zuschneiden von Blechteilen; Auflegen der Bleche mit entsprechenden Hebe- und Transportmitteln; Maschine entsprechend den Zeichnungsangaben einstellen und Einzelteile entnehmen; hoher Geräuschpegel. Das Tragen von Gehörschutz ist erforderlich. Nach kurzer Einweisung sind die erforderlichen Sach- und Arbeitskenntnisse vermittelt. Auftretende Einstellprobleme werden vom Fachpersonal bearbeitet.

Anforderungsart	Höchstwert	Vergebene Werte	
		AP 1	AP 2
Fachkenntnisse, Berufsausbildung, Berufserfahrung	18	....	....
Geschicklichkeit (Handfertigkeit, Gewandtheit)	12	....	....
Verantwortung für die eigene Arbeit	10	....	....
Verantwortung für die Arbeit anderer	8	....	....
Verantwortung für Betriebsmittel	6	....	....
Muskelbelastung (körperliche Belastung)	8	....	....
Wahrnehmung, Konzentration, Nachdenken	8	....	....
Umgebungseinfluss (Schmutz, Lärm, Unfallgefahr)	10	....	....
Arbeitsplatzwert (AW)	**80**	....	....

Arbeitswert	Lohngruppe
0–22	I
22–30	II
31–41	III
42–52	IV
53–61	V
62–70	VI
71–75	VII
76–80	VIII

Arbeitsplatz 1: .... **Arbeitsplatz 2:** ....

S. 128–130

Bei der **Lohnabrechnung** berechnet der Arbeitgeber die anfallenden Abzüge vom Bruttolohn. Der übrig bleibende Nettolohn wird der Arbeitnehmerin bzw. dem Arbeitnehmer überwiesen.

1. *Ergänzen Sie die schematische Lohnabrechnung und führen Sie Beispiele an.*

Schematische Lohnabrechnung	Beispiele
Grundlohn	→ ....
+ Zulagen	→ ....
+ Zuschläge	→ ....
=	**Steuer- und sozialabgabenpflichtiger Lohn**
–	
–	
–	
–	**Gesetzliche Abzüge**
–	
–	
–	
=	**Auszuzahlender Lohn**

2. *Der 21-jährige Mark arbeitet in seinem ersten Gesellenjahr als Monteur in einem Installationsbetrieb für 14,14 € pro Stunde mit einer Leistungszulage von 10 %. Im zurückliegenden Monat hat er 148 Stunden regulär und zusätzlich sechs Überstunden abgeleistet. Die Überstunden werden zusätzlich mit 25 % vergütet. Außerdem übernimmt der Arbeitgeber einen Anteil an der vermögenswirksamen Leistung von 13,00 €.*

Berechnen Sie den zu versteuernden Bruttolohn.

Grundlohn	....	€
+ Überstundenvergütung	....	€
+ Arbeitgeberanteil zur vermögenswirksamen Leistung	....	€
= steuer- und sozialversicherungspflichtiger Bruttolohn	....	€

3. *Lucia verdient in einem Ferienjob vor ihrer Ausbildung 2 000,00 € im Monat. An die Sozialversicherung sind 20,15 % abzuführen.*

Berechnen Sie die Nettovergütung, wenn die Lohnsteuer 124,50 € und die Kirchenlohnsteuer 8 % von der Lohnsteuer beträgt und kein Solidaritätszuschlag anfällt.

Nettovergütung = ...

1. *Machen Sie eine Entgeltabrechnung für Thorben Steiner, einen kinderlosen, kirchensteuerpflichtigen 24-jährigen Arbeitnehmer, wohnhaft in Baden-Württemberg. Ergänzen Sie dazu die Entgeltabrechnungstabelle und berechnen Sie den Nettolohn pro Monat und Jahr.*

Bruttolohn (Monat/Jahr)		**2 600,00 €**	**31 200,00 €**
Abgaben	**Gesamtbetrag**		
– Rentenversicherung (18,6 %)	.... €		
AG + AN je 9,3 %		241,80 €	2 901,60 €
– Arbeitslosenversicherung (2,6 %)	.... €		
AG + AN je 1,3 %		.... €	.... €
– Pflegeversicherung (4,00 %)	.... €		
AG 1,7 % + AN 2,3 %		.... €	.... €
– Krankenversicherung (15,7 %)	.... €		
AG + AN je 7,85 %		.... €	.... €
Summe Sozialabgaben		.... €	.... €
Steuern			
– **Lohnsteuer**		257,75 €	.... €
– Kirchensteuer (8 % v. d. LSt)		.... €	.... €
Summe Steuern		.... €	.... €
Netto		.... €	.... €

2. *Ermitteln Sie die monatliche und jährliche Kostenbelastung des Arbeitgebers von Thorben Steiner für ihn.*

Arbeitgeberbelastung		
Bruttolohn	.... €	.... €
+ Rentenversicherung	.... €	.... €
+ Arbeitslosenversicherung	.... €	.... €
+ Pflegeversicherung	.... €	.... €
+ Krankenversicherung	.... €	.... €
+ Unfallversicherung	19,76 €	237,12 €
Gesamt	.... €	.... €

S. 131–132

1. *Führen Sie die **Lohnabrechnung** für Celina Hauptner für September 2023 mit folgenden Daten durch:*

Name: **Hauptner**	Vorname: **Celina**	geb. am: **10.07.1997**	Steuerklasse: **Eins**	Personalnummer: **7345BL02**
Straße, Hausnummer: **Herrenstr. 5**	PLZ, Wohnort: **88339 Bad Waldsee**		Kinder: **0**	Konfession: **rk**
Arbeitgeber: **Metallbau GmbH, Industriestr. 14, 88339 Bad Waldsee**			Vermögenswirksame Leistung: **39,00 €**	
Bankverbindung des Arbeitnehmers: **Sparkasse Wolfegg** **BIC SOLADES1RVB, IBAN DE23 6505 0110 5710 6680 00**			Arbeitgeberanteil zur VWL: **13,00 €**	
Vertrag bzgl. Vermögenswirksame Leistungen: **Bausparvertrag Nr. 884 456 20 Bausparkasse Wüstenrot**			Krankenkasse: **AOK Ravensburg**	

Bruttolohn (lt. Arbeitsvertrag)		***2 403,00 €***
+ AG-Anteil zur VWL		.... €
= lohnsteuer- und sozialversicherungspflichtiger Bruttolohn		.... €
Lohnabzüge: – Lohnsteuer (St.-Kl. I) – ev./rk. Kirchensteuer (8 % von LSt)		 .... € .... €
Beiträge zur Sozialversicherung:	**AN** (von brutto)	
– Rentenversicherung – Krankenversicherung – Pflegeversicherung – Arbeitslosenversicherung	9,3 % 7,8 % 2,3 % 1,3 %	.... € .... € .... € .... €
Nettolohn		.... €
– Sparrate VWL-AN		.... €
= auszuzahlender, zu überweisender Betrag		.... €

Lohnsteuertabelle 2023 (Auszug) – Werte in €

Bruttolohn	Stk.	Lohnsteuer	SolZ	KiSt
2 408,00	1	211,58	0,00	16,92
	2	120,83	0,00	9,66
	3	1,33	0,00	0,10
	4	211,58	0,00	16,92
	5	487,25	0,00	38,98
	6	526,50	0,00	42,12
2 416,00	1	213,33	0,00	17,06
	2	122,50	0,00	9,80
	3	2,33	0,00	0,18
	4	213,33	0,00	17,06
	5	490,00	0,00	39,20

2. *Erläutern Sie den Unterschied zwischen Nettolohn und ausbezahltem Lohn.*

....

....

3. *Nennen Sie Beispiele für sonstige Abzüge.*

....

....

S. 133

1. *Erläutern Sie, was man unter Personalzusatzkosten (Personalnebenkosten/Lohnzusatzkosten) versteht.*

....

....

....

....

2. *Nennen Sie wesentliche Personalzusatzkosten.*

....

....

....

....

3. *Als Arbeitgeber müssen Sie mit einer Personalzusatzkostenquote von rund 70 % rechnen. Erläutern Sie die Bedeutung der Personalzusatzkostenquote.*

....

....

....

4. *Vergleichen Sie den Arbeitnehmer- und Arbeitgeberanteil zur Sozialversicherung und erläutern Sie die politische Zielsetzung des Gesetzgebers bei der alleinigen Finanzierung des Sonderbeitrags zur gesetzlichen Pflegeversicherung durch kinderlose Arbeitnehmerinnen und Arbeitnehmer.*

Zielsetzung: ....

....

....

....

....

....

....

....

5. *Erläutern Sie die Gründe, die zu zunehmenden Personalzusatzkosten führen können.*

....

....

....

....

6. *Erläutern Sie die Gefahren von steigenden Personalzusatzkosten.*

....

....

....

....

Lösen Sie das Kreuzworträtzel zum Thema Lohnabrechnung.

Das Lösungswort ergibt sich, wenn Sie die markierten Felder in der Reihenfolge von 1 bis 16 von oben nach unten lesen.

1. Üblichste Form der Entlohnung.
2. Möglichkeit zur Leistungshonorierung im Zeitlohn.
3. Entspricht dem Reallohn.
4. Basis für die Berechnung des Monatslohns einer bestimmten Lohnart.
5. Dieser Zuschlag auf die Lohnsteuer wurde 2021 für 90 % der Arbeitnehmerinnen und Arbeitnehmer abgeschafft (Kurzform).
6. Maß für die Kaufkraft.
7. Werden zu dem Grundentgelt hinzugerechnet, wenn sie anfallen.
8. Maß für die Leistungsfähigkeit eines Betriebs bzw. einer Volkswirtschaft.
9. Müssen vom Arbeitgeber zusätzlich zum Bruttolohn getragen werden.
10. Ist der Reallohn zuzüglich der Inflationsrate.
11. Wenn dies anfällt, reduziert sich der Bruttolohn.
12. Wichtiger Begriff in der analytischen Arbeitsbewertung.
13. Entspricht der 100 %-Gruppe in der Arbeitsbewertung.
14. Art der Methode der Arbeitsbewertung.
15. Wird bei einer bestimmten Lohnart an die Mitarbeiterinnen und Mitarbeiter ausgeschüttet.
16. Eine Konfession für die Kirchensteuer, die in der Lohnabrechnung einbehalten wird.

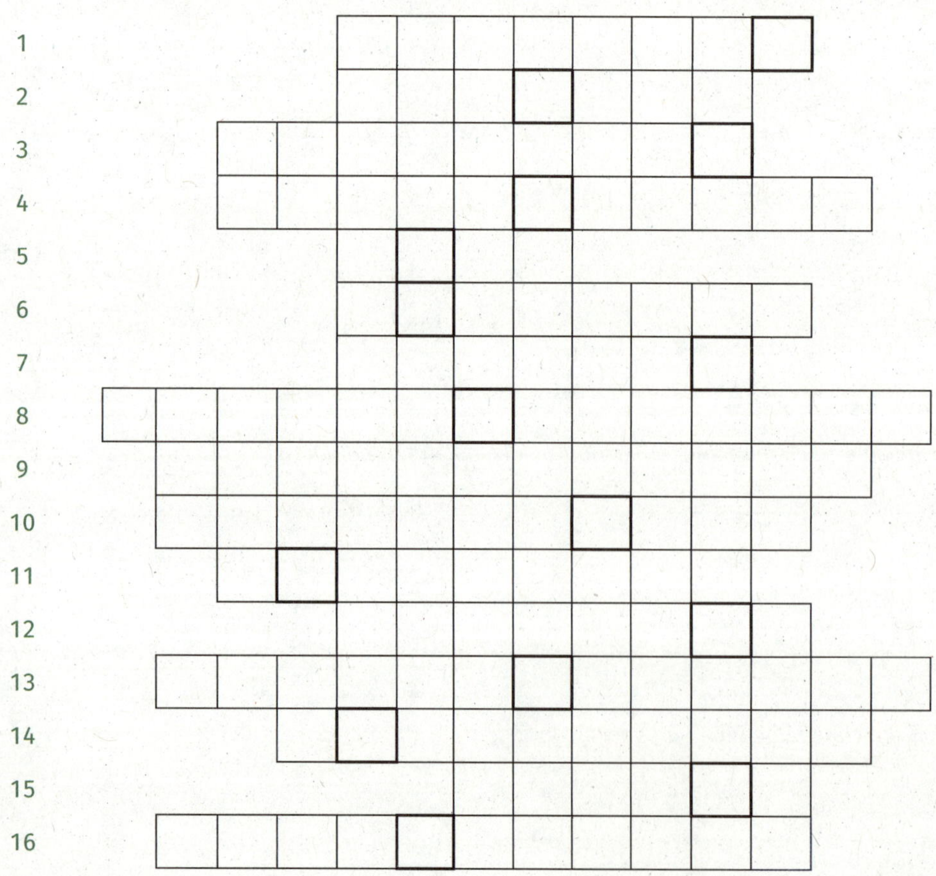

Lösungswort: ....

S. 138–141

Lernsituation 12: Von Ihrem Lohn führt Ihr Arbeitgeber jeden Monat die Lohnsteuer an das Finanzamt ab. Wenn Sie wissen, wie eine Einkommensteuererklärung erstellt wird, können Sie sich von diesem Geld einen Teil wieder zurückholen, und das ist gar nicht so schwierig. Wie das geht, lernen Sie mithilfe des Schulbuchs, hier nachfolgend können Sie Aufgaben dazu lösen.

Sandra und Nadine befinden sich im dritten Ausbildungsjahr. Ihre Ausbildungsvergütung beträgt 921,00 € pro Monat. Bei Sandra wird keine Lohnsteuer einbehalten. Nadine ist bereits verheiratet, ihr werden 86,66 € abgezogen. Ihr Ehemann Jörg verdient 2 496,00 €/Monat, bei ihm beträgt die Lohnsteuer 13,00 €.

Nadine meint: „Die Lohnsteuer holen wir uns im nächsten Jahr wieder zurück, denn wir haben hohe Werbungskosten.“ Sandra ergänzt: „Mit der Steuerreform wurde zwar die Lohnsteuer gesenkt, aber nicht wie ursprünglich diskutiert auch die Mehrwertsteuer. Das halte ich für unsozial.“

1. *Weshalb bleibt Sandra steuerfrei, während bei Nadine Lohnsteuer einbehalten wird?*

....

....

....

2. *Wieso muss Nadine trotz ihres geringen Einkommens eine ähnlich hohe Lohnsteuer wie ihr Mann zahlen?*

....

....

3. *Wann bzw. auf welchem Weg kann man zu viel bezahlte Lohnsteuer „zurückholen“?*

....

....

....

....

4. *Nadine spricht von hohen Werbungskosten. Was meint sie damit?*

....

....

....

5. *Aus welchen weiteren Gründen kann sich ein Antrag auf Lohnsteuerrückerstattung lohnen?*

....

....

....

....

6. *Weshalb findet Sandra die Senkung der Lohn- und Einkommensteuer ohne Senkung der Mehrwertsteuer unsozial?*

....

....

....

....

S. 10–27

Prüfungsvorbereitung

Sie sind als Ausbildungsbotschafter/-in bei einer Ausbildungsmesse Ihrer Innung eingesetzt. Am Messestand kommen viele interessierte Schülerinnen und Schüler vorbei, denen Sie kompetent bei Fragen zu Ausbildung und Zukunftsperspektiven helfen sollen:

1. **Tarek überlegt sich, eine Ausbildung zum Mechatroniker in einem Industriebetrieb zu beginnen. Er hat gehört, dass dabei die Ausbildung mit einem einjährigen Grundlehrgang in der Metallbearbeitung an der Schule beginnt und die Elektronik erst im zweiten Ausbildungsabschnitt vorgesehen ist.**

a) Um welche Form der Berufsausbildung handelt es sich?

b) Welche Inhalte muss der Ausbildungsvertrag mindestens enthalten?

2. **Daniel ist bereits in der Ausbildung zum Mechatroniker, möchte aber eigentlich den Beruf wechseln, da er sich den Beruf irgendwie anders vorgestellt hat, als er nun tatsächlich ist. Jetzt möchte er eine Ausbildung zum Medizinischen Fachangestellten machen.**

a) Unter welchen Bedingungen kann Daniel die Ausbildung zum Mechatroniker beenden?

b) Welche Rolle spielt dabei die Dauer der Probezeit?

3. **Maja hat die Realschule mit guten Noten abgeschlossen und möchte nun eine duale Ausbildung beginnen. Sie kann sich gut vorstellen, später einmal eine Fachhochschule zu besuchen, um Ingenieurin zu werden.**

a) Welche Vorteile ergeben sich aus der gewählten Berufsbildungsform?

b) Erstellen Sie eine Mindmap zum Thema „duale Berufsausbildung“. Stellen Sie folgende Inhalte dar: Ausbildungsorte, Lerninhalte, gesetzliche Grundlagen der dualen Berufsausbildung.

4. **Cathrin absolviert gerade eine dreijährige Berufsausbildung im dualen System. Ihr französischer Cousin Pierre erlernt in Frankreich den Beruf des Mechatronikers. In seinem Heimatland erfolgt die Berufsausbildung in der Regel rein schulisch.**

a) Erstellen Sie eine Tabelle über die Vor- und Nachteile des dualen Ausbildungssystems.

b) Da Pierre in Frankreich eine rein schulische Ausbildung absolviert, kennt er sich mit dem dualen Ausbildungssystem nicht aus. Er fragt, ob in Deutschland während der Ausbildung gekündigt werden könne. Erklären Sie ihm, unter welchen Voraussetzungen Auszubildenden gekündigt werden kann.

Prüfungsvorbereitung

1. *a)* ....

....

b) ....

....

....

....

2. *a)* ....

....

b) ....

....

....

3. *a)* ....

....

....

b)

4. *a)*

b) ....

....

....

....

....

S. 48–63

Prüfungsvorbereitung

Sie haben Ihre Ausbildung als Bauzeichner/-in erfolgreich abgeschlossen und suchen einen neuen Arbeitsplatz. Dabei stoßen Sie auf die folgende Anzeige:

Architekturbüro Knoll und Partner

zur Verstärkung unseres Teams suchen wir

Bauzeichner/-in Vollzeit (m/w/d)

Ihre Aufgaben:	Anfertigen von Entwurfsplänen und Werkplänen
	Erstellen von Baugesuchen
	Führen von Planungsgesprächen mit Bauherren
Ihr Profil:	Kenntnisse in CAD und MS Office
	Teamfähigkeit und Flexibilität
	Kommunikationsfähigkeit
Was Sie erwartet:	Ein interessanter und abwechslungsreicher Arbeitsplatz
	Ein junges, motiviertes Team
	Flexible Arbeitszeiten
	Selbstständiges Arbeiten

Interesse? Dann senden Sie uns Ihre aussagekräftige Bewerbung an Architekturbüro Knoll und Partner, Waldstraße 9, 85632 Neustadt.

Weitere Infos unter: www.knollundpartner.de

1. Um für das Vorstellungsgespräch vorbereitet zu sein, überlegen Sie sich, welche zwei Aspekte Ihr Interesse bei dieser Stellenanzeige am stärksten wecken. Formulieren Sie diese mit Begründung.
2. Worauf achten Sie bei Ihrer schriftlichen Bewerbung besonders, um sich von den Mitbewerberinnen und -bewerbern abzuheben? (drei Angaben)
3. Sie werden zum Vorstellungsgespräch eingeladen. Begründen Sie, weshalb bestimmte Fragen vom Arbeitgeber nicht gestellt werden dürfen, und formulieren Sie drei solcher Fragen.
4. Legen Sie mit zwei Aspekten dar, wie Sie sich auf das Vorstellungsgespräch vorbereiten.
5. Ihnen wurde die Stelle zugesagt, damit haben Sie einen mündlichen Arbeitsvertrag. Erläutern Sie die daraus entstehende Pflicht des Arbeitgebers.
6. Erläutern Sie drei Pflichten, denen Sie als Arbeitnehmer/-in in Ihrem Arbeitsleben als Angestellte/-r nun nachkommen müssen.

Prüfungsvorbereitung

1. ....

2. ....

3. ....

4. ....

5. ....

6. ....

S. 77–87

Prüfungsvorbereitung

Sie lesen folgende Zeitungsmeldung:

Schlichtungsverfahren beendet

Einigung im Tarifstreit bei der Bahn absehbar

Das Schlichtungsverfahren zwischen Bahn und EVG ist abgeschlossen. Die Schlichter schlagen unter anderem eine stufenweise Erhöhung der Löhne um 410 Euro bei einer Laufzeit von 25 Monaten vor. Beide Seiten wollen die Zustimmung empfehlen.

Im Tarifstreit der Deutschen Bahn mit der Eisenbahn- und Verkehrsgewerkschaft EVG schlägt die Schlichtungskommission eine Erhöhung der Löhne um insgesamt 410 Euro vor. Die erste Erhöhung um 200 Euro soll zum Dezember 2023 erfolgen, eine zweite Erhöhung um weitere 210 Euro zum August 2024. Die Tarifvereinbarung solle zudem eine Laufzeit von 25 Monaten haben. Zudem werde im Oktober eine steuerfreie Inflationsprämie von 2.850 Euro gezahlt. [...]

Quelle: Norddeutscher Rundfunk (Hrsg.): Schlichtungsverfahren beendet. Einigung im Tarifstreit bei der Bahn absehbar, 26.07.2023. In: www.tagesschau.de/wirtschaft/bahn-tarifstreit-schlichtung-100.html [27.11.2023].

1. Nennen Sie die Tarifvertragsparteien, die bei der beschriebenen Tarifverhandlung aufgetreten sind.
2. Erläutern Sie den Ablauf von Tarifverhandlungen anhand einer Übersichtsgrafik. Markieren Sie die Stelle, an der die im Text beschriebenen Tarifverhandlungen gerade stehen.
3. Erläutern Sie den Sinn einer Schlichtung.
4. Erläutern Sie, um welche Art von Tarifvertrag es sich in diesem Fall handelt.
5. Erstellen Sie eine tabellarische Übersicht, in der verschiedene Tarifvertragsarten, deren Inhalte und deren Laufzeiten aufgeführt werden.
6. Der Kollege Armin beschwert sich über die „überflüssige“ Gewerkschaft. Erläutern Sie in einer kurzen E-Mail an ihn, warum Gewerkschaften für Arbeitnehmerinnen und Arbeitnehmer wichtig sind.

Prüfungsvorbereitung

1.

2.

3.

4.

5.

6.

S. 89–163

Prüfungsvorbereitung

Wie alle nicht selbstständig Beschäftigten erhalten auch Sie als Auszubildende/-r ein Arbeitsentgelt.

1. In Ihrem zweiten Ausbildungsjahr erhalten Sie eine monatliche Ausbildungsvergütung von 890,00 € brutto. Sie unterliegen der Pflichtmitgliedschaft in der Sozialversicherung.

a) An welche Zweige der Sozialversicherung werden Beiträge abgeführt?

b) Welche Versicherung ist jeweils zuständig, wenn Sie auf dem Weg zum Ausbildungsbetrieb mit Ihrem Roller einen Unfall haben, und welche, wenn Sie sich beim Joggen einen Bänderriss zuziehen?

c) Welche drei privaten Zusatzversicherungen halten Sie für Berufsanfängerinnen und Berufsanfänger am wichtigsten? Begründen Sie Ihre Meinung.

2. Nach Abschluss der Ausbildung verdienen Sie 2 515,00 € brutto monatlich. Von Ihren vermögenswirksamen Leistungen von 40,00 €/Monat übernimmt Ihr Ausbildungsbetrieb die Hälfte. Sie sind evangelisch, kinderlos, 19 Jahre alt.

Es gelten folgende Beitragssätze zur Sozialversicherung:

Krankenversicherung	14,6 % + 1,0 %	→ ½ AG, ½ AN	= 7,8 % AN
Pflegeversicherung	3,4 %	→ ½ AG, ½ AN	= 1,7 % AN
Rentenversicherung	18,6 %	→ ½ AG, ½ AN	= 9,3 % AN
Arbeitslosenversicherung	2,6 %	→ ½ AG, ½ AN	= 1,3 % AN

Jahres-bruttolohn	Tabellenstufe		Monatslohnsteuer 2023 (in Euro) in der Steuerklasse				
(in Euro)	von ... Euro	bis ... Euro	Stkl.	LoSt.	SolZu.	KiSt.	Summe
30.444,00	2.535,00	2.537,99	I	240,41	0,00	21,64	262,05
			II	153,16	0,00	13,78	166,94
			III	19,16	0,00	1,72	20,88
			IV	240,41	0,00	21,64	262,05
			V	527,50	0,00	47,48	574,98
			VI	564,83	0,00	50,83	615,66

a) Berechnen Sie den Lohn, der an Sie ausbezahlt wird.
b) Warum taucht in Ihrer Lohnabrechnung eigentlich die gesetzliche Unfallversicherung nicht auf?

Prüfungsvorbereitung

1. *a)* ……………………………………………………………………………………

……………………………………………………………………………………

b) ……………………………………………………………………………………

……………………………………………………………………………………

c) ……………………………………………………………………………………

……………………………………………………………………………………

……………………………………………………………………………………

……………………………………………………………………………………

2. *a)*

Bruttolohn		**2 515,00 €**
+ AG-Anteil zur VWL		…………… €
= lohnsteuer- und sozialversicherungspflichtiger Bruttolohn		…………… €
Lohnabzüge: – Lohnsteuer (St.-Kl. I) – Kirchensteuer (8 % von LSt) – Solidaritätszuschlag		 …………… € …………… € …………… €
Beiträge zur Sozialversicherung:	**AN (von brutto)**	
– Rentenversicherung – Krankenversicherung – Pflegeversicherung – Arbeitslosenversicherung	9,3 % 7,8 % 1,7 % 1,3 %	…………… € …………… € …………… € …………… €
Nettolohn		…………… €
– Sparrate VWL-AN		…………… €
= auszuzahlender, zu überweisender Betrag		…………… €

b) ……………………………………………………………………………………

……………………………………………………………………………………